Droit des affaires et droit commercial

—

DEUG de droit
2e année et licence
session 1996

DALLOZ

ANNALES DU DROIT DALLOZ

sous la direction de Yves Jegouzo
Professeur à l'Université Panthéon-Sorbonne (Paris I)

- *DEUG de droit 1ère année :*
  Introduction au droit et droit civil
  Droit constitutionnel et institutions politiques
- *DEUG de droit 2e année :*
  Droit civil : les obligations
  Droit administratif
- *DEUG de droit 2e année et licence :*
  Droit des affaires et droit commercial

Droit des affaires et droit commercial

—

DEUG de droit
2e année et licence
session 1996

DALLOZ

31 - 35, rue Froidevaux - 75685 Paris cedex 14

PRÉSENTATION

Les ANNALES DE DROIT 1996 présentent les **sujets** qui ont été donnés lors de la session de 1996 du **D.E.U.G et de Licence de droit** dans un échantillon représentatif des Universités françaises.

Les ANNALES DE DROIT ont comme objet de mettre, chaque année, à la disposition des étudiants les **sujets** réellement traités lors des examens écrits de la session. Elles portent, en 1996, sur les enseignements fondamentaux de D.E.U.G. en première année, l'**introduction au droit et le droit civil** et le **droit constitutionnel et les institutions politiques,** en deuxième année, le **droit civil** et le **droit administratif**, ainsi que sur le **droit des affaires** (D.E.U.G.) **et le droit commercial** (Licence).

Les ANNALES DE DROIT sont, en premier lieu, un **instrument de référence** permettant aux étudiants qui abordent les études de droit de mesurer la nature et la difficulté des épreuves qui joueront un rôle déterminant dans leur succès de fin d'année. Les ANNALES DE DROIT ambitionnent d'être à la fois la « mémoire » du premier cycle de droit et de ses évolutions et un étalonnage des qualités et du niveau de connaissances attendus des étudiants en droit. La publication d'un certain nombre des meilleures copies de la session doit remplir cette fonction en fournissant aux étudiants un instrument d'évaluation.

En même temps, elles tiennent compte de la diversité de l'enseignement universitaire. Le D.E.U.G. et la licence en droit sont des diplômes nationaux qui obéissent à un programme officiel défini par arrêté ministériel. Mais l'autonomie des Universités et les traditions universitaires ont conduit à en moduler la mise en œuvre en fonction des projets pédagogiques mis au point par chaque Université. La participation aux ANNALES DE DROIT de plus de cent professeurs responsables des enseignements fondamentaux de premier cycle permet de restituer toute la richesse du contenu des premières années de l'enseignement juridique.

A ce titre, elles constituent un outil particulièrement nécessaire pour des étudiants qui, venant des études secondaires, abordent ces deux univers neufs que sont pour eux l'enseignement juridique et l'Université.

Les ANNALES DE DROIT sont également un **ouvrage de formation méthodologique.** A cette fin, elles présentent, à la suite des sujets donnés, le corrigé-type ou les indications de correction qu'ont préparé les professeurs responsables des cours, auteurs des sujets. Elles rendent compte des méthodologies différentes que développe l'enseignement juridique français. Elles permettent aux étudiants d'appréhender à la fois les règles essentielles de la **dissertation juridique**, du **commentaire de texte** et de l'**étude de cas**, d'identifier les erreurs qu'ils doivent absolument éviter, les options qui leur sont offertes, les disciplines de raisonnement qu'ils doivent nécessairement maîtriser.

Les ANNALES DE DROIT doivent ainsi fournir aux étudiants un instrument de travail qui complétera utilement la formation qui leur est donnée au sein des travaux dirigés et les conseils que contiennent les divers et excellents ouvrages de méthode.

Yves JEGOUZO,
Professeur à l'Université de Paris I
(Panthéon-Sorbonne).

AVERTISSEMENT

Les sujets et corrigés présentés dans les ANNALES DE DROIT sont classés par universités, celles-ci figurant dans l'ordre alphabétique.

Ils sont précédés d'une **courte présentation** indiquant le nom du **professeur** qui a donné le sujet et établi le corrigé ou les indications de correction. Lorsque le sujet est commun à plusieurs cours dispensés par des enseignants différents, ne figure que le nom de celui qui a établi le corrigé. Cette présentation comporte, en outre, un rapide rappel du **programme enseigné** dans la discipline traitée. Ceci s'est révélé nécessaire. Si la plupart des universités ont, en droit, un programme largement uniforme, des différences subsistent, notamment en ce qui concerne le programme de droit civil de première année. A côté de l'introduction au droit, la majorité des universités ont inscrit à leur programme le droit des personnes et de la famille. Mais certaines enseignent, en première année, le droit des biens.

Les **sujets** sont présentés tels qu'ils ont été donnés à l'examen. Figure, notamment, l'indication des documents qui pouvaient être autorisés aux étudiants. Dans certains cas, ne sont fournis que les sujets qui sont accompagnés d'un corrigé ou d'indications de correction. Dans la majorité des universités, tous les sujets donnés ont été repris. Toutefois, ils ne sont pas tous accompagnés d'un corrigé. Avant chaque sujet est rappelé très nettement le type d'exercice auquel il se rattache. Trois exercices principaux sont pratiqués dans les premières années des études de droit, la **dissertation juridique,** le **commentaire de texte** (jurisprudence, texte doctrinal, constitutionnel ou législatif) et l'**étude de cas pratique.** D'autres exercices sont également présentés **(questions)**.

Les **corrigés** se présentent selon trois formules qu'ont choisi librement les professeurs qui participent aux ANNALES DE DROIT.

La première est la présentation de la **meilleure copie d'étudiant.** Il s'agit d'une des copies de la session, sélectionnée par l'enseignant responsable du cours. Elle figure telle qu'elle a été rendue par l'étudiant ou elle a pu faire, si nécessaire, l'objet de corrections de forme (syntaxe, erreurs matérielles, etc.). Elle est généralement accompagnée de la note obtenue, ce qui permet aux étudiants utilisateurs des ANNALES DE DROIT de s'autoévaluer. Elle est assortie d'un commentaire du correcteur soulignant les qualités et les insuffisances de la copie.

La seconde est le **corrigé-type** rédigé par le professeur responsable du sujet et exposant la conception qui lui paraissait la meilleure pour traiter celui-ci. A côté de certains corrigés-type figurent des variantes exposant aux étudiants lecteurs des ANNALES DE DROIT les diverses possibilités qui leur sont ouvertes pour traiter correctement une même question. Le corrigé-type peut être accompagné d'indications de méthode, de conseils pratiques ou de remarques sur la manière dont le sujet a été traité.

La troisième formule réside dans les **indications de correction.** Celles-ci ont pour objet de fournir aux étudiants utilisateurs des ANNALES DE DROIT des indications de méthodologie relatives au type d'exercice qu'ils avaient à traiter, de donner des conseils pratiques sur la manière d'aborder un sujet le jour de l'examen, de préciser les questions essentielles qui devaient figurer dans la copie et les erreurs qui devaient être évitées. Ces indications de correction sont généralement accompagnées de propositions de plans détaillés ou de corrigés.

UNIVERSITÉ D'AIX-MARSEILLE

Première session - mai 1996

Professeur ayant donné le sujet et établi le corrigé :
M. J.-J. Alexandre

PROGRAMME

Actes de commerce ; commerçants ; fonds de commerce ; droit des sociétés.

SUJET

ÉPREUVE PRATIQUE

Commentez l'arrêt du 11 avril 1995 de la Chambre commerciale de la Cour de cassation.

Attendu, selon l'arrêt déféré, que M. Callec, aviculteur ayant été déclaré en règlement judiciaire, la Société française de production avicole (SFPA) a produit sa créance et demande à être inscrite en qualité de créancier nanti en vertu de deux warrants agricoles ; que le juge-commissaire n'ayant admis cette créance qu'à titre chirographaire par une ordonnance du 8 décembre 1983, la SFPA a formé opposition contre cette décision le 30 décembre 1983 ; que, par une ordonnance du 18 janvier 1984, le juge-commissaire a décidé d'admettre par provision les créances « telles qu'elles étaient indiquées dans l'état » puis, par une ordonnance du 31 mars 1984, a arrêté définitivement l'état des créances sous réserve des réclamations pouvant être soumises au tribunal ; que par une nouvelle ordonnance du 2 février 1990, il a autorisé la répartition des fonds conformément à l'état des créances arrêté et non contesté ; que la SFPA ayant formé un recours contre cette dernière décision, le Tribunal, sans réformer l'ordonnance attaquée, a constaté que la créance de la SFPA avait été définitivement admise, à titre nanti ; que la cour d'appel, par un premier arrêt du 8 janvier 1992, a infirmé le jugement et renvoyé les parties devant le Tribunal pour que soit tranchée la contestation élevée le 30 décembre 1983 contre l'ordonnance du juge-commissaire ayant admis la créance de la SFPA à titre chirographaire ; que le Tribunal, considérant que M. Callec était com-

merçant, a décidé que la créance de la SFPA devait être inscrite à titre chirographaire, des warrants agricoles ne pouvant valablement être consentis par un commerçant ;

Sur le moyen unique, pris en sa première branche ; (sans intérêt) ;

Mais sur la troisième branche du moyen ;

Vu les articles 1 et 2 de la loi du 13 juillet 1967 ;

Attendu que pour déclarer commerçant M. Callec, l'arrêt énonce que la SFPA, qui a produit sa créance entre les mains du syndic du règlement judiciaire et de la liquidation des biens de cet exploitant, n'a pas exercé de recours contre l'ouverture d'une procédure collective à laquelle n'étaient soumis à l'époque que les commerçants et les personnes morales de droit privé, à l'exclusion des agriculteurs ;

Attendu qu'en statuant ainsi, alors que l'absence de contestation de l'ouverture d'une procédure collective à l'égard de M. Callec ne pouvait entraîner renonciation, de la part de la SFPA, à invoquer le caractère agricole de l'activité de cet exploitant, la cour d'appel a violé les textes susvisés ;

Et sur la deuxième branche du moyen :

Vu les articles 1 et 632 du Code de commerce ;

Attendu que pour déclarer commerçant M. Callec, l'arrêt, qui a relevé que la production d'œufs était l'activité principale de cet exploitant, constate qu'il achetait la quantité hebdomadaire de 6,2 tonnes d'aliments ;

Attendu qu'en statuant ainsi, alors que M. Callec vendait les produits de son élevage sans procéder à des achats pour revendre, la cour d'appel a violé les textes susvisés ;

Par ces motifs :

Casse et annule, dans toutes ses dispositions, l'arrêt rendu le 24 mars 1993, entre les parties, par la cour d'appel de Rennes ; remet, en conséquence, la cause et les parties dans l'état où elles se trouvaient avant ledit arrêt et, pour être fait droit, les renvoie devant la cour d'appel de Caen.

N° 93-16.064. *Société française de production avicole contre M. Tremelot, ès qualités de syndic de la liquidation des biens de M. Callec et autres.*

***Président :* M. Bézard. – *Rapporteur :* M. Tricot. – *Avocat général :* M. de Gouttes. – *Avocats :* la SCP Boré et Xavier, M. Blondel.**

NB. – La loi n° 85-98 du 25 janvier relative au redressement et la liquidation judiciaire des entreprises est entrée en vigueur le 1er janvier 1986.

– La loi n° 80-1202 du 30 décembre 1988 a soumis l'agriculteur à la procédure collective.

– Le warrant agricole est une sûreté mobilière consenti par un agriculteur sur les produits et biens mobiliers de son exploitation.

OBSERVATIONS GÉNÉRALES

– Sur la technique du commentaire, lire impérativement Roger Mendegris et Georges Vermelle, Dalloz, collec. Méthodes du droit.

– L'arrêt de la chambre commerciale du 11 avril 1995 a fait l'objet d'observations rédigées par Jean Derruppé (Rev. trim. com., 1995, p. 751), par Bernard Bouloc (Rev. trim. dr. com., 1996, p. 113), et Jean Honorat (Defrénois 1995, art. 36196, p. 1296-1299).

– Les étudiants avaient connaissance de l'existence des chroniques suivantes : Couret, Activités agricoles et activités commerciales : leurs domaines respectifs, Rev. trim. dr. com., 1980, p. 277 ; Berry, Activités agricoles et droit civil, Rev. dr. rur., 1992, p. 1).

– Le correcteur attendait des étudiants qu'ils appliquent les connaissances acquises en cours et qu'ils utilisent les arrêts étudiés en travaux dirigés notamment sur le thème de la délimitation du droit commercial et du droit civil.

– En particulier, il fallait que l'étudiant soit suffisamment attentif aux faits de l'espèce pour ne pas flirter avec le hors-sujet. Il s'agissait donc de raisonner sur la qualification de la production d'œufs par un aviculteur et non, comme trop souvent, de raisonner sur la qualification de l'éleveur, agriculteur ou commerçant.

– Dans l'affaire à commenter, l'intérêt de la distinction droit civil-droit commercial résidait principalement dans la qualification de l'aviculteur. S'il était considéré comme un agriculteur, les warrants étaient valables et, alors, le créancier était titulaire d'une créance nantie. S'il était qualifié de commerçant, les warrants n'avaient pas été valablement consentis et le créancier ne pouvait être que chirographaire.

– Enfin, les faits étaient soumis à une loi du 13 juillet 1967, aujourd'hui abrogée, ce qui imposait l'interrogation de la pertinence de la solution retenue par la Cour de cassation au regard de la nouvelle loi du 30 décembre 1988.

– Par suite, le plan d'étudiant le plus fréquemment proposé a été :

1) Qualification de l'aviculteur, agriculteur, commerçant ?

A) Agriculteur

B) Commerçant

2) Conséquences du choix de la qualification

A) Sur l'application de la procédure collective à l'aviculteur

B) Sur la nature de la créance chirographaire ou nantie du fournisseur d'aliment.

– Ce plan qui présentait l'avantage de permettre la discussion de tous les problèmes soulevés par l'arrêt était difficile à étoffer par un étudiant de licence qui n'avait pas encore reçu un enseignement du droit des procédures collectives.

– C'est pourquoi nous vous proposons le commentaire suivant qui s'appuie principalement sur la deuxième branche du moyen.

CORRIGÉ

L'agriculture a toujours été, par essence, une activité de nature civile en tant qu'activité de production se rattachant au secteur primaire (Cf. G. Ripert et R. Roblot. Traité de droit commercial par M. Germain T1, L.G.D.J. 1996, 16e édition, p. 117 , n° 177).

Cependant l'introduction de mode d'exploitation industriel a bouleversé les frontières entre le domaine civil et commercial ce qui a permis à un auteur de constater l'extension du droit commercial à des activités traditionnellement civiles (A. Jauffret, Études offertes à Pierre Kayser T.2, 1979, p. 59 et s.). L'extension de ce droit a eu pour conséquence d'appliquer aux agriculteurs des techniques commercialistes telle la procédure collective à la suite de la loi du 30 décembre 1988. Néanmoins, la distinction droit civil-droit commercial conserve des intérêts notamment quand il s'agit de savoir qui peut valablement consentir un warrant agricole. En effet, seul l'agriculteur peut consentir, sur ses produits et biens mobiliers de son exploitation, ce type de sûreté mobilière.

C'est précisément ce thème de la détermination du champ d'application du droit civil opposé au droit commercial quant à ses conséquences qui est traité dans l'arrêt de la chambre commerciale du 11 avril 1995. Dans cette affaire, M. Callec, aviculteur, a été déclaré en règlement judiciaire en application de la loi du 13 juillet 1967 alors en vigueur. Un créancier, la Société française de production avicole (S.F.P.A.) produit sa créance et demande à être inscrit en qualité de créancier nanti en vertu de deux warrants agricoles. A la suite d'une succession d'instances relativement à la qualification de la nature de la créance, la Cour d'appel de Rennes, le 24 mars 1993, décide que la créance de la S.F.P.A. est chirographaire. Sur la troisième branche du moyen unique du pourvoi formé par le créancier, la Cour de cassation casse l'arrêt susvisé, pour violation des articles 1 et 2 de la loi du 13 juillet 1967 au motif que « l'absence de contestation de l'ouverture d'une procédure collective à l'égard de M. Callec ne pouvait entraîner renonciation, de la part de la SFPA, à invoquer le caractère agricole de l'activité de cet exploitant... ». Dès lors pour appliquer la procédure collective à M. Callec fallait-il encore constater sa qualité de commerçant conformément à la loi du 13 juillet 1967 qui n'était pas applicable, pas plus d'ailleurs que la loi du 25 janvier 1985, à l'agriculteur. C'est ce que fit l'arrêt attaqué en déclarant M. Callec, commerçant, au motif que son activité principale consistant en la production d'œufs reposait sur l'achat de quantité hebdomadaire d'aliments importante (6,2 tonnes).

La Cour de cassation, sur visa des articles 1 et 632 du Code de commerce censure le raisonnement par amalgame de Rennes : « M. Callec vendait les produits de son élevage sans procéder à des achats pour revendre. » Cet attendu retient notre attention car il permet d'affirmer que la production d'œufs est une activité agricole de nature civile au regard de la jurisprudence antérieure à la loi du 30 décembre 1988 (1). Comme cette dernière a étendu le domaine civil du secteur agricole, il sera opportun de se demander si l'activité de M. Callec recevrait la même qualification sous l'empire du nouveau texte (2).

I – LA PRODUCTION D'ŒUFS EST CIVILE AU REGARD DE LA JURISPRUDENCE ANTÉRIEURE À LA LOI DU 30 DÉCEMBRE 1988

Les formes modernes d'élevage, dites hors sol, ont suscité des controverses quant à savoir si l'exploitant exerçait une activité civile ou commerciale. Généralement, pour justifier l'application du droit civil ou commercial, la Cour de cassation a forgé un critère économique pour qualifier d'agriculteur ou de commerçant la personne qui vendait les animaux de son élevage après engraissement à l'aide d'aliments achetés à l'extérieur de l'exploitation rurale.

Il convient donc d'exposer ce critère de proportionnalité (1) pour ensuite se demander s'il a été adopté dans l'espèce relative à la production d'œufs (B).

A) Le critère économique d'origine jurisprudentielle appliqué à l'éleveur

La chambre commerciale de la Cour de cassation a adopté un critère de distinction simple à énoncer. Les activités d'élevage sont commerciales lorsque l'éleveur achète la plus grande partie des aliments destinés à la nourriture de ses animaux. En revanche, l'éleveur qui nourrit ses bêtes en utilisant sa propre production végétale demeure dans le secteur agricole.

Ainsi a-t-il été jugé qu'avant de déclarer qu'un agriculteur, éleveur de volaille, avait la qualité de commerçant, une Cour d'appel se devait de rechercher « si, par rapport à la production d'aliments de son exploitation agricole destinés à l'élevage de sa volaille, les achats effectués par M. Mora (à l'extérieur) ne revêtaient pas un caractère accessoire ou complémentaire » (Com. 23 février 1983, Bull. 1983, IV p. 67 n° 78).

Dans le même esprit, la Cour de cassation n'avait-elle pas déclaré que « l'origine de l'alimentation du cheptel de M. Boscher, dont l'élevage était l'activité principale, provenait – pour sa quasi-totalité de l'extérieur – et fait ressortir que la proportion d'aliments représentée par les achats n'avait pas un caractère accessoire ou complémentaire, » la Cour d'appel a pu décider que M. Boscher exploitait une entreprise commerciale (Com. 10 juillet 1985, Bull. 1985, IV p. 174 n° 210).

Pour expliquer cette distinction jurisprudentielle, la doctrine rattachait par extension l'élevage à l'activité agricole en faisant état de la théorie de l'acte civil par accessoire (G. Chesné et E.N. Martine, le caractère civil ou commercial des exploitations d'élevage, D. 1970, I, p. 171 et s.)

Il faut alors rechercher quelle est la part des actes de commerce dans le volume général des affaires de l'éleveur. En effet, l'activité de production agricole est civile par nature ce qui justifie que, selon l'article 638 du Code de commerce, « ne seront point de la compétence des tribunaux de commerce les actions intentées contre un propriétaire, cultivateur ou vigneron pour vente de denrées provenant de son cru... ». Certes, l'éleveur vend des animaux qu'il élève à l'aide de « farines » achetées à l'extérieur de son domaine. Mais si ces achats étaient limités à moins d'un tiers des aliments consommés par le cheptel l'on considérait que ces actes de commerce demeuraient l'accessoire de l'activité d'éleveur et conséquemment ils devaient être disqualifiés en actes civils par accessoire.

A l'inverse, si l'éleveur se comportait comme un industriel de la viande en transformant un animal en un « produit » plus élaboré à l'aide de fournitures achetée principalement à l'extérieur, il fallait le qualifier de commerçant. D'ailleurs, la récente actualité des vaches atteintes d'encéphalopathie spongiforme bovine, dites « vaches folles », montre bien qu'alors les éleveurs se comportent comme des industriels à qui devrait s'appliquer le droit commercial.

Dans la théorie de l'acte civil par accessoire, la Cour de cassation distingue des éléments qui doivent être réunis pour cantonner l'éleveur dans le secteur civil.

Dans l'affaire commentée, le critère de l'origine des aliments, forgé par les juges pour qualifier l'élevage, est-il appliqué à la production d'œufs ?

B) Le caractère civil de la production d'œufs

La Cour d'appel de Rennes avait déclaré M. Callec commerçant au motif que son activité principale de production d'œufs résultait de l'achat de quantité importante d'aliments (6,2 tonnes/semaine). Elle sous-entendait donc que l'aviculteur faisait des actes de commerce à titre habituel qui étaient à la base d'une activité principale, ce qui excluait le recours à la théorie de l'accessoire civil.

Or le créancier obtient cassation de l'arrêt contesté sur visa des articles 1 et 632 du Code de commerce. Pourquoi ?

Certes l'article 1er déclare : « sont commerçants ceux qui exercent des actes de commerce et en font leur profession habituelle ». Mais alors la mise en œuvre de ce texte nécessite de constater que la personne a bien effectué des actes de commerce énumérés à l'article 632. Au premier rang de la liste des opérations commerciales est nommé l'acte d'achat en vue de la revente. M. Callec se livrait-il à ce genre d'opération ? Il achetait hebdomadairement de grosses quantité d'aliments mais il ne les revendait pas en l'état. Il ne vendait pas non plus la volaille ainsi nourrie. Il se contentait de vendre les œufs produits naturellement par ses poules pondeuses. Son activité principale consistait donc à vendre des « produits » qu'il n'avait pas achetés. Il n'accomplissait pas l'acte visé à l'article 632 comme l'indique, avec pertinence, la Cour de cassation :

« M. Callec vendait les produits de son élevage sans procéder à des achats pour revendre.» Il manquait un élément de l'acte d'achat en vue de la revente : l'achat. Implicitement, M. Callec ne pouvait être déclaré commerçant.

Mais peut-on objecter que l'aviculteur vendait des produits agricoles (les œufs) résultant d'une transformation industrielle ce qui justifierait une application du droit commercial ? En effet, si traditionnellement, selon les usages, la transformation du raisin en vin, des olives en huile etc. demeurait dans le domaine agricole, il était tout aussi habituel de juger que les produits transformés, provenant dans une proportion importante de l'extérieur, devaient, en cas de vente, être soumis aux règles du droit commercial. C'est ainsi que l'horticulteur qui, pour faire face à la demande, achetait la majeure partie des boutures en herbe à des confrères fut considéré comme commerçant pour avoir essentiellement tiré ses revenus d'achat pour revendre (Com. 5 février 1979, Bull. 1979, IV, n° 46 ; obs. Derruppé Rev. trim. dr. com. 1979.238).

Dans l'espèce commentée, il ne fait pas de doute que la production d'œufs doit être réputée agricole car l'activité de l'aviculteur s'inscrit dans le prolongement de l'acte de production de poules. Or cette activité agricole de prolongement a toujours été considérée comme civile (en ce sens, v. Derruppé, Rev. Trim. dr. com. 1989.213).

Cette solution jurisprudentielle a d'ailleurs été reprise par la loi du 30 décembre 1988.

II – LA PRODUCTION D'ŒUFS EST CIVILE AU REGARD DE LA LOI DU 30 DÉCEMBRE 1988

La loi n° 88-102 du 30 décembre 1988 relative à l'adaptation de l'exploitation agricole à son environnement économique et social a élargi la définition des activités agricoles pour soumettre les agriculteurs, dans la majeure partie de leurs activités, au droit civil.

La loi a adopté un critère biologique de la définition de l'activité agricole (A) qui rejoint, en définitive, la conception formelle de l'agriculture naguère reçue par le Conseil d'État (B).

A) Le critère biologique d'origine légal

L'article L 311-1 du Code rural, introduit par la loi de 1988 précitée, énonce : « sont réputées agricoles toutes les activités correspondant à la maîtrise et à l'exploitation d'un cycle biologique de caractère végétal ou animal et constituant une ou plusieurs étapes nécessaires au déroulement de ce cycle... » C'est dire que celui qui intervient dans le processus naturel de la production végétale ou animale doit pouvoir bénéficier du droit civil.

En l'espèce, il ne fait pas de doute que l'aviculteur participe au déroulement d'un cycle biologique qui conduit à la production d'œufs. Il remplit donc l'exigence de qualification d'activité agricole posée par le législateur. Dès lors la production d'œufs est civile quelle que soit l'importance et la fréquence des aliments achetés à l'extérieur pour nourrir les poules pondeuses. Bien évidemment la qualification serait le cas échéant commerciale si l'aviculteur était obligé d'acheter des œufs pour honorer ses contrats de distribution dans l'hypothèse où sa volaille ne satisferait pas à la demande. Il s'agirait alors d'utiliser la théorie de l'accessoire qui conserverait toute son efficacité. L'aviculteur qui ajouterait des produits extérieurs pour compléter sa production ne demeurerait agriculteur que si ce comportement représentait une proportion limitée ou tolérée par l'usage.

Le critère biologique adopté par la loi fait écho au critère formel retenu par la jurisprudence fiscale avant l'entrée en vigueur de la loi de 1988.

B) Le critère formel du Conseil d'État

Le Conseil d'État dans son arrêt du 6 février 1970 (D.1970.591 note J. Lamarque) a déclaré : « l'élevage des porcs constitue en lui-même une activité de caractère agricole dont la nature n'est pas modifiée même lorsque l'alimentation de ces animaux ne provient pas à titre principal d'une exploitation agricole appartenant au propriétaire de cet élevage ».

Pour faire bénéficier les « éleveurs industriels » des avantages du régime fiscal agricole, la Haute juridiction leur accorde la qualité d'exploitants agricoles à partir d'un critère formel. Seule la nature de l'activité compte : elle a un rapport avec l'élevage, elle est donc agricole.

Ainsi l'existence de la « classe des agriculteurs » déjà constatée par G. Ripert (cf. sa phrase citée par H. Cabrillac, L'agriculture et le droit commercial, Mél. Ripert, T.II 1950, p. 272 : « ... les agriculteurs forment une classe sociale nettement séparée de celle des commerçants par les habitudes de vie et les mœurs ») continue à justifier un droit spécifique. Oserons-nous parler de justice de classe encore que nous sachions que le concept de classe est, à juste titre, contestée ?

UNIVERSITÉ MONTESQUIEU-BORDEAUX IV

Session - mai 1996

Professeur ayant donné le sujet et établi le corrigé :
M. Saintourens

PROGRAMME

Instruments de paiement et de crédit ; droit des procédures collectives.

SUJET

CAS PRATIQUE

La S.A.R.L. Boucherie Sanzot a fait l'objet d'une mise en redressement judiciaire par jugement du Tribunal de Commerce en date du 29 avril 1996. La cessation des paiements a été fixée au 15 décembre 1995.

La Banque de Monlinsart avait accordé à la S.A.R.L. une ouverture de crédit permanent d'un montant de 300 000 francs, ainsi qu'en atteste un courrier du directeur de l'agence adressé au gérant de la société, daté du 8 janvier 1996. Par lettre recommandée avec accusé de réception du 10 mai 1996, adressée à l'administrateur judiciaire, la banque de Moulinsart l'informe qu'elle interrompt à compter de cette date ce crédit « conformément à la législation bancaire, compte tenu des dépassements du plafond de l'ouverture de crédit qui se sont répétés malgré ses multiples mises en garde, ainsi qu'en témoignent notamment les écritures comptables des 26 février, 15 mars, 2 avril et 6 mai 1996 ». Par ce même courrier, la banque demande la restitution de la vitrine frigorifique que l'entreprise détient en vertu d'un contrat de crédit-bail, consenti de manière exceptionnelle, la banque ne pratiquant pas habituellement ce type d'opération, les six dernières échéances de loyer n'ayant pas été honorées.

Enfin, à propos d'une lettre de change qu'elle avait dû compléter – le tireur ayant omis d'indiquer la date et le lieu de création – et dont elle avait obtenu le paiement de la S.A.R.L., tiré accepteur, le 20 décembre 1995, la banque fait part de son refus de reverser la somme concernée face à la demande exprimée en ce sens par l'administrateur.

Présentez, par une argumentation juridique précise, la situation dans laquelle se trouve l'administrateur judiciaire face aux diverses positions développées par la banque.

CORRIGÉ

Observations méthodologiques

• Le cas pratique soumis aux étudiants visait à intégrer dans une même trame des questions de droit du crédit et de droit des procédures collectives. La difficulté majeure consistait à bien identifier les problèmes posés et à apprécier avec le plus de précision possible les éléments de solution issus de la combinaison de plusieurs textes.

• La copie d'examen pouvait être organisée en distinguant tout simplement les trois questions qui se présentaient successivement à la lecture des faits. Les deux premières, d'importance équivalente, étaient notées sur une valeur maximale de huit points chacune ; la troisième, plus restreinte, était notée sur quatre points.

I – La rupture par la banque de l'ouverture de crédit

A) Analyse de la situation et du problème posé : le conflit des textes

– Rappel du mécanisme de l'article 37 de la loi de 1985 relatif au maintien des contrats en cours par décision de l'administrateur et de son application de principe aux divers contrats de financement (Cass. Com. 8 décembre 1987).

– Présentation du mécanisme de l'article 60 de la loi bancaire de 1984, autorisant, dans certaines conditions, la rupture d'un crédit par l'établissement bancaire.

B) Éléments de solution proposés

– Une question préalable de fait à relever dans le cas pratique : il ne semble pas que l'administrateur ait déjà opté à propos du maintien du crédit ; le contrat est donc « en attente ». Ne doit-on pas considérer que la lettre de la banque vaut mise en demeure d'avoir à opter dans le délai d'un mois (V. art. 37) ?

– De toutes façons, la question-clé est de savoir si, quelle que soit la position prise par l'administrateur à propos du maintien du crédit, l'acte de rupture émanant de la banque ne doit pas produire ses effets.

Pour la jurisprudence (V. not. Cass. Com. 1er octobre 1991 ; 2 mars 1993), la continuation des concours bancaires, en application de l'article 37, n'interdit pas qu'ils soient interrompus pendant la période d'observation si les conditions fixées par l'article 60 de la loi bancaire de 1984 sont réalisées. Dans notre espèce, s'agissant d'une rupture sans préavis, sans doute la banque devra-t-elle s'appuyer sur le « comportement gravement répréhensible » de l'entreprise manifesté par les dépassements du plafond autorisé pour ne pas se trouver en contradiction avec une solution de redressement qui pourrait ultérieurement être retenue au bénéfice de l'entreprise concernée si elle ne s'attachait qu'à l'existence d'une « situation irrémédiablement compromise ».

En outre, compte tenu des discussions relatives à la possibilité ou non pour la banque d'invoquer des causes de rupture antérieures au jugement d'ouverture (et déjà connues d'elle) pour fonder son droit au titre de l'article 60 de la loi bancaire de 1984, il sera toujours envisageable de s'appuyer sur le dépassement de plafond du 6 mai 1996 puisqu'il est postérieur au jugement d'ouverture.

II – LA DEMANDE DE RESTITUTION DU BIEN SOUS CRÉDIT-BAIL

A) Analyse de la situation et du problème posé : l'étendue de droits du crédit-bailleur dans la procédure collective

– Une application de principe au crédit-bail du droit de revendication de l'article 115 de la loi de 1985 (V. Cass. Com. 15 octobre 1991).

– Une adaptation de faveur pour le crédit-bail ayant fait l'objet de publicité, par l'intervention de la réforme du 10 juin 1994 : nouvel article 115-1 de la loi de 1985 ; présentation du contenu de la réforme et de ses conséquences.

Au résultat, au titre de l'un ou l'autre des deux textes, le crédit-bailleur a en principe le droit de récupérer le bien pour non-paiement des échéances.

B) Éléments de solution proposés

– Le moyen le plus sûr pour l'administrateur pour faire obstacle à la revendication (que le contrat de crédit-bail ait été ou non publié) est d'imposer le maintien du contrat au titre de l'article 37 de la loi de 1985. Contrainte : payer désormais les échéances de crédit-bail avec régularité. Avantage : l'administrateur n'est pas tenu de régler les échéances antérieures au jugement d'ouverture et demeurées impayées.

– Ce n'est que si l'administrateur n'impose pas le maintien du contrat que la banque pourra poursuivre sa demande de restitution.

L'incidence de l'existence ou du défaut de publicité du contrat doit être ici rappelée par l'étudiant (délai, formalisme...), étant entendu que le banquier est tenu de procéder à la publicité même s'il ne réalise cette opération que de manière occasionnelle (V.C.A. Rouen, 12 janvier 1995). Toutefois, le crédit-preneur, pour tenter de s'opposer à la revendication, ne peut invoquer l'absence de publicité, étant lui-même partie à l'opération (V. Cass. Com. 16 mai 1995).

III. LA CONTESTATION DU PAIEMENT DE LA LETTRE DE CHANGE LITIGIEUSE

A) Analyse de la situation et du problème posé : l'effacement du droit des procédures collectives

– Rappel de la règle de validation du paiement d'une lettre de change en période suspecte (tiré soumis au redressement judiciaire), par exception aux nullités de la période suspecte (V. art. 109 al. 1 Loi 1985). En outre, l'action en rapport, figurant à l'alinéa 2, doit être écartée car les faits du cas ne correspondent pas aux hypothèses visées par le texte.

– Rappel du formalisme cambiaire – art. 110 c. com. – problème de l'omission de mentions obligatoires et de la faculté de régularisation.

B) Éléments de solution proposés

– La possibilité pour l'administrateur de faire annuler le paiement de la lettre (et donc récupérer la somme versée à l'époque) est exclusivement liée à la sanction du non-respect du formalisme cambiaire (et non pas à la période suspecte).

– Si la régularisation est admise jusqu'à la présentation au paiement (V. Cass. Com. 19 octobre 1965), encore faut-il que cette régularisation réalisée de sa propre initiative par le porteur ait été admise par le tiré. La jurisprudence se montre assez restrictive en la matière, considérant que les mentions relatives au lieu et à la date d'émission sont trop essentielles pour être ainsi régularisables (V. Cass. Com. 25 mai 1988). Pour demeurer valable, le paiement fait, dans le cas pratique, par l'entreprise à la banque, devrait trouver un autre fondement, puisqu'à défaut de ces mentions, il ne vaut pas comme lettre de change (V. art. 110 al. 2 c. com.). A défaut la somme due devra être restituée par la banque, le paiement n'étant fondé sur aucun titre.

UNIVERSITÉ DE CLERMONT-FERRAND
(Université d'Auvergne – Clermont I)

Session de juin 1996

Professeur ayant donné le sujet et établi le corrigé :
M. X.-C. Nguyen

PROGRAMME

Commerçants ; actes de commerce ; tribunaux de commerce ; Registre du commerce et des sociétés ; fonds de commerce ; bail commercial.

SUJET

ÉPREUVE PRATIQUE (Durée 3 heures)

L'épreuve comprend deux parties.

I – Commentez l'arrêt suivant (Note maximum : 14)

Cass. Req., 11 décembre 1944

La Cour : – Sur le moyen unique, pris de la violation, par fausse application des art. 631, 632 et 638 c. com., des règles de la compétence et de l'art. 7 de la loi du 10 avr. 1810, pour défaut de motifs et manque de base légale, en ce que l'arrêt attaqué a décidé que la juridiction commerciale s'était à bon droit reconnu compétente pour statuer sur une action en responsabilité dirigée contre M. Brunet, entrepreneur de battage, à raison d'un accident qu'il aurait occasionné dans l'exercice de ses fonctions, alors qu'il s'agissait non d'une entreprise de manufacture commerciale, mais d'une entreprise constituant par elle-même une exploitation essentiellement agricole à raison de son objet et de la nature de ses opérations ; – Attendu que des qualités et des motifs de l'arrêt attaqué il résulte, d'une part, que Brunet accomplissait habituellement et professionnellement des actes consistant à « transformer par des moyens mécaniques les produits qu'il reçoit des producteurs », et, d'autre part, que le fait quasi délictuel qui lui est reproché était survenu dans l'exercice de son industrie ; – Attendu, dès lors, qu'en statuant comme elle l'a fait, la cour d'appel, loin de violer les textes visés au moyen, en a fait une exacte application et donné une base légale à sa décision ;

Par ces motifs, rejette...

II – Répondre aux questions suivantes :

A) Le propriétaire d'un fonds de commerce est-il libre de donner son fonds en location-gérance ? (Note maximum : 3).

B) De quelle façon les créanciers chirographaires d'un commerçant sont-ils protégés lorsque celui-ci vend son fonds de commerce ? (Note maximum : 3).

L'usage du Code de commerce est autorisé.

INDICATIONS DE CORRECTION

I – COMMENTAIRE D'ARRÊT

La victime d'un accident causé dans l'exercice de son activité professionnelle par un entrepreneur de battage le poursuit en dommages-intérêts devant le tribunal de commerce. Le défendeur conteste la compétence de ce dernier en arguant du caractère civil de son activité. Une cour d'appel a refusé de faire droit à la prétention de l'entrepreneur et un pourvoi en cassation a été rejeté. Le raisonnement de la Cour de cassation, parfaitement logique, tient en deux propositions : l'entrepreneur était commerçant car il « accomplissait habituellement et professionnellement des actes consistant à transformer par des moyens mécaniques les produits qu'il reçoit des producteurs » ; et « le fait quasi délictuel qui lui est reproché était survenu dans l'exercice de son industrie ».

A) On sait que « Sont commerçants ceux qui exercent des actes de commerce et en font leur profession habituelle » (Art. 1er C. com.). Or il peut être soutenu que, pour son auteur, l'acte de battage, moyennant rétribution, pour le compte d'autrui, constitue un acte de commerce au même titre que l'« achat d'un bien... pour (le) revendre », qui est qualifié tel par le législateur (Art. 632 C. com.). En tout cas, l'entreprise de battage ne peut être de nature différente qu'une entreprise de transport ou une entreprise de location de meubles, toutes deux visées comme entreprises commerciales par le Code de commerce (Art. 632). Il n'en est autrement que si l'activité déployée doit être considérée comme artisanale ou, le cas échéant, comme accessoire à une entreprise agricole, en raison de circonstances particulières qui n'ont pas été relevées en l'espèce.

B) La théorie des actes de commerce par accessoire s'applique, d'après la jurisprudence, aux faits juridiques, en particulier aux faits générateurs de responsabilité civile, lorsqu'ils sont imputables au commerçant, qu'il s'agisse d'un fait de l'homme – fait personnel ou fait d'autrui – ou de fait de choses ou d'animaux. Or le quasi-délit reproché à l'entrepreneur était survenu dans l'exercice de son commerce : il en résulte que même si l'acte de battage spécifique au cours duquel l'accident est arrivé était intrinsèquement civil, la victime, même si elle n'a pas la qualité de commerçant, a la faculté de poursuivre son adversaire devant le tribunal de commerce.

II – QUESTIONS

A) Le propriétaire d'un fonds de commerce n'est pas libre de donner son fonds en location-gérance : il doit avoir été commerçant ou exercé une activité assimilée pendant sept ans et avoir exploité le fonds pendant deux ans au moins (art. 4, al. 1er L. 20 mars 1956). Le but de la règle fut de décourager une spéculation qui consisterait à acquérir des fonds de commerce dans le seul but de les donner immédiatement en location-gérance, une telle spéculation pouvant avoir pour effet de provoquer une hausse du prix des fonds de commerce et rendre difficile l'accès à la profession. La règle comporte néanmoins des dérogations, notamment lorsque la suspicion n'est point fondée.

B) Les créanciers chirographaires de commerçant courent le risque d'être privés d'un moyen d'action efficace en cas de vente par le débiteur de son fonds : ils ne peuvent plus pratiquer une saisie sur le fonds soustrait du patrimoine du vendeur, où il est remplacé par un prix lequel peut être facilement dissimulé ou dilapidé. Qu'à cela ne tienne : la loi leur permet de former à l'encontre de l'acquéreur opposition au paiement du prix, lequel reste affecté à la garantie du paiement à qui de droit ; et si le prix ne suffit pas à les désintéresser, ils ont, de surcroît, le droit de former une surenchère du sixième du prix principal du fonds (V.L. 17 mars 1909, not. art. 3 et 5).

UNIVERSITÉ DE GRENOBLE

Session de juin 1996

Professeur ayant donné le sujet et établi le corrigé :
M. D. Plantamp

PROGRAMME

Droit des sociétés.

SUJET

DISSERTATION

La protection des associés minoritaires dans les sociétés de capitaux.

CORRIGÉ

INTRODUCTION

– Un constat économique préliminaire s'impose : l'existence et le développement remarquable d'un actionnariat populaire, suite notamment aux diverses privatisations de sociétés cotées.

Comme les minorités politiques, les « minorités économiques » méritent protection, spécialement en raison des dangers et des contraintes de la vie des affaires où la compétence du professionnel l'emporte sur la faible expérience du profane. La protection peut provenir du sujet lui-même lorsqu'il est menacé par un péril surmontable ou d'autrui quand un danger majeur le rend incapable de se défendre seul. Elle sera ainsi graduée en fonction de la gravité de l'atteinte aux droits des minoritaires.

– Associés minoritaires ? Ce terme admet plusieurs acceptions.

La minorité d'une société de capitaux comprend aussi bien celui qui est propriétaire d'une seule action que ceux qui détiennent 5 %, 10 %, 25 %, 34 %,... 49 % du capital.

En l'occurrence, c'est la protection de tous ces minoritaires que l'on envisagera. On comprendra donc par les termes « associés minoritaires » ceux qui, compte tenu de leur situation, éprouvent la crainte légitime que les majoritaires n'abusent de leur pouvoir pour conduire une politique sociétaire inspirée seulement par leur intérêt personnel.

– ... dans les sociétés de capitaux : on précisera ici que :

• « dans » : signifie que l'on situera l'étude seulement à l'intérieur de la société elle-même ; ce qui exclut les interventions agressives des tiers à l'égard des minoritaires.

• « sociétés de capitaux » : le terme doit être compris dans le sens de société « in bonis » ; à l'exclusion des situations de redressement et de liquidation judiciaires.

– De quels droits disposent alors ces minoritaires ?

• des droits fondamentaux de tout associé et également de certains droits particuliers accordés en fonction de l'importance de leur participation dans le capital. Par qui sont-ils alors exercés ? Lorsque la situation sociale est normale, les associés minoritaires seuls, ou regroupés en association dans certains cas particuliers, peuvent assurer eux-mêmes leur propre protection. Au contraire, en cas de difficultés majeures, les minoritaires demeurent trop fragiles pour lutter contre des majoritaires parfois tyranniques. Ils auront alors recours à des tiers, institutionnels, pour la plupart.

I – LES ASSOCIÉS MINORITAIRES SE PROTÈGENT EUX-MÊMES

L'information des minoritaires précède logiquement leur intervention dans la gestion.

A) Le droit d'être informés

La prérogative est à la fois générale et spécifique.

1°) Sur la gestion en général

– Droit fondamental de participer aux assemblées : article 1844, alinéa 1er, du code civil.

– Droit à l'information :

• information permanente : article 170 de la loi du 24 juillet 1966 : tout actionnaire peut consulter les documents sociaux (comptes annuels en particulier) au siège de l'entreprise ;

• information spéciale pour les sociétés côtées : publications au B.A.L.O. avant les assemblées générales et tous les semestres (comptes, affectation des résultats, rapport d'activité semestriel) ;

• obligation de dépôt des comptes sociaux au greffe du tribunal : article 293 du décret du 23 mars 1967 ;

• en pratique : publication des plaquettes annuelles d'information.

– Droit de demander l'établissement des comptes consolidés, pour les minoritaires à 10 % : article 357-2-1er de la loi de 1966.

2°) Sur certaines opérations de gestion

– Droit de poser des questions écrites aux dirigeants jusqu'à l'ouverture de l'assemblée générale : article 162, alinéa 3, de la loi de 1966.

– Droit de poser des questions écrites au président du conseil d'administration ou au directoire sur tout fait de nature à compromettre la continuité de l'exploitation : articles 226-1 (minoritaires à 10 %) et 172-1 (association d'actionnaires détenant au moins 5 % des droits de vote dans les sociétés côtées) de la loi de 1966.

– Informations sur les conventions passées entre la société et ses dirigeants : articles 101 et suivants de la loi de 1966. Ces informations sont accordées à tous les associés, notamment aux minoritaires.

– Publicité des conventions entre actionnaires comportant des conditions préférentielles de cession ou d'acquisition d'actions (les « pactes d'actionnaires ») : article 356-1-4 de la loi de 1966.

B) Le droit d'intervenir

Les associés minoritaires peuvent participer, voire s'opposer, et, éventuellement partir de la société.

1°) Le droit de participer

– Droit fondamental de voter, même si les effets du vote des associés minoritaires demeurent limités ; droit de voter par correspondance : articles 161-1 de la loi de 1966 et 131-1 du décret de 1967.

– Droit de demander l'inscription d'un projet de résolution à l'ordre du jour d'une assemblée : articles 160, alinéa 2, (minoritaires à 5 %), 172-1 (association d'actionnaires détenant au moins 5 % des droits de vote dans les sociétés cotées) de la loi de 1966 et article 128 du décret de 1967.

– Droit de présenter une candidature au conseil d'administration par voie d'adjonction à l'ordre du jour.

2°) Le droit de s'opposer

– Droit d'user de la minorité de blocage : 33,34 % dans les S.A., 25,1 % dans les S.A.R.L., c'est-à-dire :

• droit d'empêcher toute modification statutaire : article 153 de la loi de 1966. Exemple : droit de s'opposer à la transformation d'une S.A. en S.A.R.L. : article 238, alinéa 3, de la loi de 1966 ;

• droit de bloquer les résolutions présentées aux assemblées générales ordinaires (égalitaire à 50 %) ou aux assemblées générales extraordinaires (minoritaires à 33,34 % ou à 25,1 %) ;

• droit de refuser l'agrément à un nouvel associé potentiel : 25,1 % dans les S.A.R.L., selon la clause d'agrément statutaire dans les S.A ;

• droit de s'opposer aux décisions qui supposent l'unanimité : décisions augmentant les engagements des actionnaires : article 153 de la loi de 1966. Exemple : décision de changement de nationalité : article 1836, alinéa 2, du code civil ;

– Limite : l'abus de minorité.

3°) Le droit de partir

– Droit de vendre ses parts ou actions, ou de les faire racheter par la société : articles 45 et 274 de la loi de 1966. « Nul est censé être prisonnier de ses titres... ».

– Droit de retrait offert aux associés minoritaires de sociétés côtées par les majoritaires à 95 %, offre publique de retrait en cas de changements substantiels, garantie de cours lors de l'acquisition d'un bloc d'actions conférant le contrôle majoritaire : articles 5.5.1., 5.3.2. et suivants du Règlement général du Conseil des bourses de valeurs. Indemnisation en cas de retrait forcé des associés minoritaires : article 16-I de la loi de 31 décembre 1993.

II – LES ASSOCIÉS MINORITAIRES DEMANDENT À ÊTRE PROTÉGÉS

La protection est assurée par d'autres acteurs de la vie des affaires : juge ou organes publics. Elle est adaptée aux difficultés que connaissent les associés minoritaires et va dans le sens d'une gradation selon que la situation est seulement tendue, ou devient conflictuelle.

A) La contestation de la gestion sociale

Elle peut être partielle ou totale.

1°) La contestation de certaines opérations

– Droit de demander en justice une expertise de gestion (dite « expertise de minorité ») : articles 226 (minoritaires à 10 %) et 172-1 (association d'actionnaires détenant au moins 5 % des droits de vote dans les sociétés cotées) de la loi de 1966 ou une expertise « in futurum » : article 145 du code de procédure civile.

– Droit de demander en justice la désignation d'un mandataire chargé de convoquer l'assemblée générale : articles 158 et 172-1 de la loi de 1966 :

• en cas d'urgence : par un associé minoritaire propriétaire d'une seule action,

• sans urgence : minoritaire à 10 % ou association d'actionnaires de l'article 172-1.

– Droit de demander en justice :

• la nullité des délibérations pour abus de majorité,

• le sequestre d'actions litigieuses (affaires Lustucru, l'Est Républicain),

• l'ajournement d'une assemblée générale déjà convoquée,

• la suspension de l'application d'une résolution déjà votée...

2°) La contestation de la totalité de la gestion

– Droit de demander en justice la désignation d'un commissaire aux comptes dans les S.A.R.L. (minoritaires à 10 %) ou dans les S.A. (tout actionnaire) qui n'en auraient pas nommé : articles 64 et 224 de la loi de 1966.

– Droit de demander la nomination d'un administrateur provisoire : affaire Fruehauf : Paris 22 mai 1965, D1968, p. 147, note R. Contin.

– Protection par la C.O.B. : pouvoirs d'enquête, d'injonction et de sanction.

– Protection par les associations de défense des investisseurs en valeurs mobilières : droit de se constituer partie civile, d'agir en justice et de demander des dommages-intérêts... : loi du 5 janvier 1988.

– Droit de demander la dissolution judiciaire pour justes motifs : article 1844-7-5e du code civil.

B) La sanction des organes sociaux

Elle concerne les organes internes chargés de la direction sociale et les organes externes à la société dont la mission consiste exclusivement à surveiller la légalité de la gestion.

1°) A l'égard des dirigeants

– Droit de demander la révocation judiciaire des gérants de S.A.R.L. par tout associé : article 55, alinéa 2, de la loi de 1966.

– Droit d'agir en responsabilité :

• civile : * action individuelle en cas de préjudice personnel,
* action sociale exercée ut singuli : articles 52, 245 et 172-1 de la loi de 1966, articles 45 et 200 du décret de 1967 (minoritaires à 10 % ou à 5 %),

• pénale : actions pour abus de biens sociaux, présentation ou publication de « faux bilan », majoration frauduleuse des apports, etc...

2°) A l'égard des « surveillants »

– Les commissaires aux comptes peuvent faire l'objet d'une demande :

• de récusation : à la demande d'associés minoritaires à 10 % ou d'une association d'actionnaires : articles 225 et 172-1 de la loi de 1966,

• de révocation : articles 227 et 172-1 de la loi de 1966.

UNIVERSITÉ DU HAVRE

Session de mai 1996

Professeur ayant donné les sujets et établi les corrigés :
M. H. Trofimoff

PROGRAMME

Les actes de commerce ; la procédure commerciale ; le commerçant ; le fonds de commerce ; le droit des sociétés ; intr. aux entreprises en difficultés.

SUJETS

L'étudiant qui dispose des codes civil et de commerce, traitera au choix l'un des deux sujets suivants :

DISSERTATION JURIDIQUE

La preuve en matière commerciale.

COMMENTAIRE D'ARRÊTS

Observez-vous une constance ou une évolution des pouvoirs de contrôle de la Cour de cassation en matière d'usages commerciaux à travers les deux arrêts suivants ? Req. 20 oct. 1920 (S. 1922. 1. 201, note J. Hamel ; D. 1920. 1. 161. note Matter ; Grands arrêts juris. com., 2e éd., n° 1) ; et Com. 1er mars 1971 (Bull. civ. IV, n° 113).

L'arrêt qui constate que trois débiteurs étaient tenus de la même dette et que cette dette présentait pour tous trois un caractère commercial, justifie par ces constatations la solidarité de la condamnation qu'il prononce contre ces codébiteurs. L'art. 1202 du code civil est sans application en pareil cas. En effet, en statuant comme ils l'ont fait et en se conformant à un usage antérieur au code de commerce et maintenu depuis, d'après lequel les tribunaux de commerce sont conduits à considérer que la solidarité entre débiteurs se justifie par l'intérêt commun du créancier et des débiteurs, les juges se sont bornés à user du pouvoir souverain d'appréciation, qui leur appartient en ce qui concerne l'existence de simples présomptions.

Req. 20 octobre 1920

La cour : – Sur le premier moyen, pris de la violation des art. 1202 c. civ. et 7 de la loi du 20 avr. 1810, défaut de motifs, manque de base légale : – Attendu qu'il est fait grief à l'arrêt attaqué (Paris, 1er mars 1919) d'avoir prononcé une condamnation solidaire sans la motiver, omettant ainsi de répondre à un chef précis de conclusions ;

Mais attendu, d'une part, que l'art. 1202 c. civ. invoqué par le pourvoi, est sans application dans l'espèce ; qu'en effet, selon un usage antérieur à la rédaction du code de commerce et maintenu depuis, les tribunaux de commerce sont conduits à considérer que la solidarité entre débiteurs se justifie par l'intérêt commun du créancier, qu'il incite à contracter et des débiteurs, dont il augmente le crédit ; qu'ils ne font ainsi qu'user du pouvoir souverain d'appréciation qui leur appartient en ce qui concerne l'existence de simples présomptions ; – Attendu qu'il résulte des constatations de l'arrêt que les trois débiteurs solidairement condamnés par le jugement contre lequel Robin seul a interjeté appel et que ledit arrêt a confirmé en ce qui le concernait, étaient tenus de la même dette, et que cette dette présentait pour tous trois un caractère commercial ; – Attendu, d'autre part, que, par ces constatations, la cour de Paris a justifié la solidarité de la condamnation qu'elle prononçait, et complètement répondu aux conclusions que Robin avait prises de chef devant elle ; que la critique du pourvoi n'est donc pas fondée ;

Par ces motifs, rejette...

1er mars : Cassation

Sur le moyen unique, pris en sa seconde branche :

Vu l'article 7 de la loi du 20 avril 1810 ;

– Attendu que par l'arrêt infirmatif attaqué, la Cour d'appel a déclaré qu'il existait un doute sérieux sur l'existence d'une créance de dommages et intérêts invoquée par la société des tanneries de Lutèce (les Tanneries) contre la société Tanning Contractors Limited (les Contractors), de Liverpool et a en conséquence donné mainlevée d'une saisie arrêt formée, pour avoir payement de cette créance, par les Tanneries dans la caisse d'une banque, sur les sommes dues par celle-ci aux Contractors ; que, pour ce faire, elle a considéré que lesdits Contractors, par l'intermédiaire desquels les Tanneries avaient acheté à un commerçant de Calcutta 335 000 peaux de lézards salées, ne s'étaient pas portés ducroires au profit desdites Tanneries, et n'étaient donc pas garants du défaut de conformité qui avait été constaté à Paris, à première vue, lorsque la marchandise avait été remise à l'acheteur à l'issue d'un transport par avion ;

– Attendu, cependant, que, par les conclusions – produites – prises devant la Cour d'appel, les Tanneries avaient soutenu devant la Cour d'appel que selon l'usage de la profession, tout marché particulier portant sur l'achat de peaux de reptile devait être considéré comme complété par certaines clauses supplétives, elles-mêmes fixées par l'usage, en vertu desquelles les Contractors avaient l'obligation de vérifier la marchandise au port d'embarquement, et

se trouvaient en conséquence responsables du défaut de conformité aux spécifications du marché constaté seulement, en l'espèce, au débarquement de la marchandise ; – qu'en procédant à l'interprétation des conventions litigieuses sans s'expliquer sur l'élément d'appréciation résultant de ces usages, les juges de fond ont méconnu les exigences du texte susvisé ;

Par ces motifs et sans qu'il soit besoin de statuer sur les deux autres branches du même moyen ;

Casse et annule l'arrêt rendu le 14 novembre 1969 entre les parties, par la Cour d'appel de Paris ; remet, en conséquence la cause et les parties au même et semblable état où elles étaient avant ledit arrêt et, pour être fait droit, les renvoie devant la Cour d'appel de Caen.

Société les tanneries de Lutèce contre société Tanning-Contractors et autre.

PREMIER SUJET : CORRIGÉ

INTRODUCTION

Par matière commerciale, il faut entendre tout d'abord l'activité professionnelle d'un commerçant de droit ou de fait, à la fois dans ses rapports avec un de ses congénères, mais aussi avec un particulier pour lequel l'acte mixte qui les unit serait purement civil. Il faut ensuite entendre par matière commerciale tout acte de commerce qui pourrait être effectué par un simple particulier. Le sujet posé, par la généralité de ses termes, amène donc à étudier le droit de la preuve dans divers conflits : ceux entre deux commerçants pour des actes de commerce réciproques, ceux entre un particulier et un commerçant auteur d'acte de commerce, ceux entre deux particuliers dont l'un serait le seul auteur d'acte de commerce.

L'alinéa 2 de l'art. 1341 C. civ. prévoit qu'en matière de preuve le droit commercial fait exception au droit civil, et dispense les parties d'écrit pour apporter la preuve d'actes dont la valeur excède 5 000 F, ou pour s'opposer à un autre écrit constatant une créance pour une somme quelque qu'en soit le montant.

L'art. 109 du Code de commerce rappelle l'existence en matière commerciale d'un usage de droit, dérogatoire au droit civil, largement antérieur à la rédaction des codes et emportant liberté de preuve : « A l'égard des commerçants, les actes de commerce peuvent se prouver par tous moyens à moins qu'il n'en soit autrement disposé par la loi ». Cette règle est justifiée par la nécessité de ne pas entraver la rapidité des opérations commerciales et par le caractère avisé des hommes d'affaires leur permettant de s'engager sans avoir besoin de réflexion, de conseils, ou d'un support écrit pour se rappeler la portée de leur acte. L'expression « à l'égard » signifie contre un commerçant en situation de défendeur, mais nous verrons que la jurisprudence prend certaines libertés vis-à-vis de ce principe.

L'art. 109 prévoit des hypothèse d'exceptions légales à cette règle de liberté de preuve. Par exemple, l'art. L. 20 sur la cession de parts sociales d'un associé à un tiers désirant rentrer dans la SNC dispose que l'acte doit être constaté dans un écrit ; les art. D. 6, 20, et 54, commandent que les statuts des sociétés commerciales soient rédigés ; la loi du 17 mars 1909, art. 1, ordonne que la vente du fonds de commerce soit constatée par un écrit.

Le droit commercial étant très peu formaliste, l'écrit quand il est imposé l'est **ad probationem**. La formalité a donc une fonction probatoire. Ces formalités ne sont pas exigées **ad validitatem** (on dit aussi **ad solemnitatem**, ou **ad substantiam**), c'est-à-dire en tant que condition de forme, de validité, de l'acte, entraînant que sans écrit celui-ci serait nul. L'acte non écrit est simplement dénué d'effets à l'égard de ceux qui les refusent. Il n'est pas opposable aux tiers qui en nieraient connaissance, et ne peut obliger la partie qui en contesterait la conclusion, ou les conditions d'exécution. En cas de litige entre les parties ou avec un tiers, celui qui se prévaut de l'acte devra en prouver par un écrit le contenu, la connaissance et l'acceptation par l'adversaire, des indices ou des témoignages en ce sens seraient insuffisants. En l'absence de conflit entre les parties ou avec des tiers, l'acte non écrit reste valable et produit tous ses effets.

Nous suivrons les termes de l'art. 109 C. com. en distinguant selon que l'adversaire du commerçant exerce ou non lui aussi une telle profession.

1re PARTIE : LES PREUVES DANS UN LITIGE COMMERCIAL À L'ENCONTRE D'UN PARTICULIER NON AUTEUR D'ACTE DE COMMERCE

A) Le principe de l'obligation faite au commerçant d'apporter contre le particulier des preuves selon les modes civils

Théoriquement le commerçant dans un conflit avec un particulier doit apporter ses preuves contre ce dernier selon les modes du droit civil, notamment de l'art. 1341 C. civ. Il importe donc pour bien comprendre les obligations probatoires du commerçant de rappeler la portée de l'art. 1341 C. civ.

L'art. 1341 C. civ. n'est pas d'ordre public impératif. Les contrats peuvent déroger aux dispositions d'ordre privé de cet article, aussi bien par des stipulations écrites, formelles, que par des accords largement tacites issus de comportements ne laissant pas de doute aux juges sur une volonté dérogatoire commune. C'est par exemple le cas en matière de cartes bancaires et de télépaiements, le client acceptant en même temps que la facilité, la rapidité, et la confidentialité des transactions, le fait qu'elles puissent être prouvées à son encontre de manière simplifiées, sans écrit (Civ. 1re, 8 nov. 1989, D. 1990, 369, note Gavalda ; JCP 1990, II, 21576, note Virassamy ; D. 1990, Somm. 327, obs. Huet ; D. 1991, Somm. 38, obs. Vasseur ; Civ. 1re, 23 mars 1994, Bull. civ. I, n° 102 ; voir note de jurisprudence n° 22 sous l'art. 1341 dans l'éd. Dalloz 1995-1996 du C. civ.).

L'alinéa 1er de l'art. 1341 C. civ. contient deus propositions, deux règles de droit distinctes. D'une part l'obligation de préconstituer une preuve par écrit pour toute opération juridique dépassant la somme de 5 000 F. D'autre part l'interdiction de prouver par tous moyens contre et outre le contenu des écrits quelque soit la valeur de l'opération constatée.

Précisons la portée de la seconde proposition. La prohibition de la preuve testimoniale ou indiciaire n'empêche pas de prouver par tous moyens, les circonstances de la conclusin de l'acte, de sa formation (par exemple les manœuvres dolosives), ou les circonstances de l'exécution de l'acte (extinction de l'obligation par paiement, compensation, remise de dettes. On dit alors qu'il y a dol in agendo, frande à la loi, à réclamer le paiement d'une obligation que l'on sait éteinte). Il y a à cela trois raisons :

– Le mot acte a deux sens, comme les mots contrat, convention. Le mot acte signifie **negotium**, déclaration de volonté, engagement. Il signifie aussi **instrumentum**, support, mode d'expression de cette déclaration de volonté. Si on ne peut pas apporter de preuve non littérale contre l'écrit, on peut, même par témoins, faire la preuve de sa nullité ou de sa fausseté, en rapportant la preuve de ses conditions réelles de formation ou d'exécution. L'art. 1341 C. civ. suggère lui-même cette interprétation. Il indique que seul le contenu de l'acte (parlant de contenu et non pas d'objet, il entend le mot acte nécessairement au sens d'instrument) ne peut être contesté que par un autre écrit contradictoire. C'est dire qu'**a**

contrario, les circonstances de formation ou d'exécution de cet acte peuvent être prouvées par tout moyen.

– Cette liberté de preuve face à une réclamation indue fondée sur un écrit est rappelée en outre à l'art. 1353 **in fine** C. civ (« à moins que l'acte ne soit attaqué pour cause de fraude ou de dol »).

– L'adage **« Fraus omnia corrumpit »** permet de prouver par tous moyens la nullité d'un acte mensonger, même s'il porte sur une valeur dépassant 5 000 F, ou même s'il est constaté dans un écrit.

B) Les modes simplifiés de preuve ouverts au commerçant face au particulier

La justification des exceptions à l'obligation de preuve selon les modes civils se trouve dans la pratique commerciale, dans des usages de droit établis de longue date, avant même l'apparition des codes. Suivant cette pratique coutumière les relations des commerçants avec leurs clients non professionnels, sont réglées par des contrats informels établis de manière simplifiée, sans rédaction d'actes. Des impératifs de convenance, de délicatesse, d'économie, et de rapidité, interdisent en effet aux commerçants et aux clients dans leurs rapports réciproques de rédiger un écrit pour constater leurs obligations dépassant 5 000 F, et les empêchent de pouvoir opposer un écrit à des instruments évoqués à leur encontre (Civ. 1re, 18 juin 1963, Bull. civ. I, n° 324, p. 274 ; Com. 12 fév. 1980, D. 1980. I.R. 396 ; Civ. 1re, 15 avr. 1980, D. 1980, I.R. 360 ; Civ. 27 avr. 1977, D. 1977, I.R. 324, et J. 413, note Gaury ; Civ. 1re, 17 mars 1982, Bull. civ. I, n° 114, p. 100).

1°) Le livre de commerce

Quand l'adversaire est un non-commerçant, l'admissibilité et la force probante du livre de commerce sont définies à l'art. 1329 C. civ. : « Les registres des marchands ne font point contre les personnes non marchandes preuve des fournitures qui y sont portées, sauf ce qui sera dit à l'égard du serment ». Le terme de fourniture a un sens générique. Il s'applique aussi aux paiements de celles-ci.

Ce texte est susceptible de deux interprétations. Il peut vouloir dire qu'un livre de commerce ne fait pas foi contre un non-commerçant jusqu'à preuve contraire, qu'il ne constitue pas à l'encontre d'un non-commerçant une preuve simple, relative. Il peut aussi signifier qu'à l'encontre d'un non-commerçant le juge ne peut tenir aucun compte d'un livre de commerce, même au titre de présomption du fait de l'homme, de présomption judiciaire. Quelle lecture faut-il faire de cet article ? La deuxième paraît justifiée car le non-commerçant ne tenant pas de livre de commerce n'aurait aucun document à opposer aux livres de commerce de son adversaire. D'autre part un principe général du droit privé interdit de se constituer une preuve à soi-même (art. 1331 C. civ.). Enfin, l'art. 17 al. 1 C. com. n'admet la preuve par les livres comptables qu'entre commerçants. Toutefois c'est la première lecture qui a été adoptée par la Cour de cassation (Req. 30 déc. 1907, D.P. 1908, 1, 320). Le livre de commerce ne fait pas preuve contre un non-commerçant, il ne constitue pas une preuve simple, jusqu'à preuve contraire, mais constitue une présomption judiciaire, du fait de l'homme (art. 1353 C. civ.). Citons des extraits d'arrêts : « Mais attendu que le juge peut cependant consulter les livres de commerce à titre de renseignement et y puiser des présomptions de nature à déterminer son appréciation » (Req. 30 déc. 1907) ; « Mais attendu que devant l'impossibilité dans laquelle se trouvait Mme Lopez de se procurer la preuve littérale de l'obligation contractée, le Tribunal a puisé dans les livres de commerce les renseignements propres à étayer des présomptions et à conforter les témoignages versés aux débats » (Com. 12 oct. 1982, D. 1983, I.R. 12 ; Bull. Civ. IV, n° 312, p. 265, cité aux notes 1 sous les art. 17 et 109 C. com. dans l'éd. Dalloz 1995-1996).

Le livre de commerce étant considéré comme une présomption de l'homme, un renseignement, celui-ci pourra d'après l'art. 1353 C. civ. être invoqué même pour des différends portant sur plus de 5 000 F, par exception à l'art. 1341 C. civ., « dans les cas où la loi admet les preuves testimoniales » (art. 1353 C. civ.). Il faut alors que la présomption unique apportée par le livre de comptes soit étayée par d'autres de manière à constituer un faisceau d'indices « précis, graves et concordants » (art. 1353 C. civ.).

L'art. 1348 C. civ. prévoit justement que la preuve indiciaire suffira dans le cas d'impossibilité matérielle ou morale de se procurer une preuve écrite. Cette impossibilité matérielle ou morale est reconnue largement par la jurisprudence compte tenu des usages mixtes et de la confiance réciproque devant imprégner les relations entre les commerçants et leurs clients simples particuliers (sur les usages en tant que cause d'impossibilité morale à se procurer un écrit, voir Civ. 1re, 17 mars 1982, Bull. civ. I, n° 114 ; 15 avr. 1980, Bull. civ. I, n° 113 ; note de jurisprudence n° 5 sous l'art. 1348 dans l'éd. Dalloz 1995 du C. civ.)

Le livre de commerce est en outre considéré comme un commencement de preuve par écrit (Com. 12 oct. 1982, D. 83, I.R. 12 ; Com 30 janvier 1980, D. 1980, I.R. 458), au sens de l'article

1347 C. civ., dispensant son détenteur de la preuve littérale exigée à l'art. 1341 C. civ. D'après l'alina 2 de l'art. 1347 C. civ le commencement de preuve par écrit doit émaner de celui à qui on l'oppose, c'est-à-dire être en la possession d'une partie et avoir été écrit par son adversaire. Le livre de commerce restant en la possession du commerçant et ayant été rédigé par lui ne correspond pas à cette définition, mais la jurisprudence n'applique pas à la lettre cet art. 1347 al. 2. Elle accorde là une deuxième échappatoire dispensant le commerçant face à son contractant civil des modes de preuve imposés par l'art. 1341 C. civ.

2°) Le serment supplétoire

Celui-ci est prévu à l'art. 1329 C. civ. Il peut être destiné à compléter la présomption de l'homme ou le commercement de preuve par écrit apporté par le livre de commerce, à défaut d'autre indices emportant l'intime conviction du juge (art. 1353 C. civ.). Ce serment ne peut pas servir à suppléer, remplacer un livre ne consentant pas l'opération si le différend porte sur une somme de plus de 5 000 Frs. Dans ce cas, le serment seul en l'absence de livre de commerce retraçant l'acte est insuffisant, car il n'y a pas d'impossibilité morale à tenir à jour un livre de commerce. La présence d'un livre de comptes permet de déroger, mais elle seule, aux strictes dispositions de l'art. 1341 C. civ. Il ne peut donc s'agir que d'un serment supplétoire, ne liant pas le juge, et selon l'art. 1367 C. civ., admissible uniquement en présence de commencement de preuve, en notre cas justement un livre de commerce. C'est en outre l'existence de cette possibilité de serment supplétoire offerte par l'art. 1329 C. civ. qui a autorisé les juges à voir dans les livres de commerce des commencements de preuve permettant ainsi de déroger aux strictes conditions de l'art. 1341, et ceci en vertu des conditions d'admissibilité du serment supplétoire prévues à l'art. 1367 al. 3. Le raisonnement des juges s'est opéré sur la base d'un syllogisme. La majeure est qu'il faut un commencement de preuve pour que le serment supplétoire soit autorisé (1367 C. civ). La mineure est que le serment supplétoire est autorisé pour compléter la preuve faite par un livre de commerce (1329 C. civ.). La conclusion est que le livre de commerce est un commencement de preuve par écrit, une présomption du fait de l'homme, un renseignement.

3°) Les factures et relevés de comptes informatisés

Compte tenu de la pratique civilo-commerciale, de nombreux contrats sont oraux, et les factures ou relevés de compte envoyés au débiteur prouvent non seulement l'existence même du contrat conclu, mais aussi ses conditions d'exécution (prix, objet du contrat). Le facturé doit faire la preuve de l'inexistence ou des conditions d'exécution différentes du contrat lorsqu'il n'a pas contesté les factures ou relevés de compte, ne répondant pas par exemple aux lettres recommandées lui réclamant le paiement, ou payant les factures sans protester (Com. 20 fév. 1979, D. 1979, I.R. 286 ; Civ. 1re, 28 janv. 1981, Bull. civ. I, n° 34, p. 28 ; Civ. 1re, 23 avr. 1980, Bull. civ. I, n° 123, p. 101 ; Com. 11 mars 1980, JCP 1980, IV, 206 ; Com. 6 mai 1980, Bull. civ. IV, n° 176, p. 140 ; Paris, 3 juin 1981, D. 1982, I.R. 127, obs. Vasseur ; Com. 11 juin 1981, D. 1981, I.R. 470 ; Com. 18 janv. 1982, Bull. civ. IV, n° 20, p. 15 ; Gaz. Pal. 1982. 2. Pan. 213 ; Com. 23 oct. 1984, Gaz. Pal. 1985, 1, 47 ; et Bull. civ 1984, IV, n° 277 ; Versailles 4 fév. 1993, Gaz. Pal. 1994, 1, somm. 81 ; voir note de jurisprudence n° 8 sous l'art. 109 dans l'éd. Dalloz 1995-1996 du C. com.).

Les factures et relevés de compte, ou plutôt les lettres recommandées jointes à elles pour en demander le paiement, si ce mode de mise en demeure a été utilisé, constituent ainsi des renseignements rentrant dans le faisceau d'indices graves, précis, et concordants permettant d'établir une présomption judiciaire. La non-protestation au reçu de celles-ci renverse la charge de la preuve. Le commerçant peut se contenter de prouver que son supposé débiteur a bien reçu les factures et n'y a pas répondu (T.I. de Nîmes 29 juin 1982, D. 1983, J. 13, Dame Fabbri c. Guilde internationale du disque, note Pasquier ; Com. 17 mars 1981, Bull. civ. IV, n° 144, p. 112 ; D. 1981, I.R. 496, obs. Vasseur). Les factures expédiées permettent ainis de compléter un livre du commerce, voire un bon de commande, pour faire la preuve d'une obligation à la charge d'un client.

4°) Les signatures informatiques

Le développement de la télématique et des cartes de paiement fait que la signature d'un ordre de paiement ou de retrait de fonds est souvent donnée à des terminaux sous forme de rentrée d'un code secret connu du seul utilisateur et d'un programme de la machine qui n'est accessible ni à la banque elle-même, ni à des tiers. La machine imprime elle-même automatiquement, et met en mémoire, par programme informatique, sans qu'aucune intervention humaine ne puisse modifier ces données, un certain nombre de renseignements comme l'utilisation du code secret à une date et une heure fixée depuis un terminal précis afin de conclure un certain type d'opération (paiement à distance, retrait, consultation de compte, etc), portant éventuellement sur une somme déterminée. La banque, le vendeur ou le prestataire de services par télématique sont présumés donner une présomption suffisante de la conclusion de l'opération et de son prix quand réclamant le paiement, ou donnant un relevé de compte présentant le retrait ou virement, ils ne rencontrent aucune opposition de la part du titulaire du code secret, en l'absence de dénonciation par le client ou d'autres utilisateurs de dysfonctionnements de la machine, ou en l'absence de déclaration de perte ou de vol de la carte bancaire par l'intéressé. Les multiples procédés informatiques ou électroniques de sécurité et de confidentialité (détention d'une carte magnétique et d'un code secret) suffisent pour la jurisprudence à faire présumer que c'est bien l'utilisateur lui-même qui a procédé à l'opération litigieuse. Pour justifier l'abandon du principe de la preuve civile par le commerçant réclamant le paiement de l'opération à l'intéressé, la jurisprudence évoque trois considérations. D'abord la fiabilité du système lui permettant d'en tirer les divers indices de son faisceau de présomptions graves précises et concordantes. Puis des usages bancaires de droit s'étant imposés dans le télépaiement et les manipulations de cartes de crédit, au détriment des retraits et paiements par ordres écrits sur formulaires. Enfin des contrats dérogatoires à la preuve civile, puisque l'art. 1341 n'est pas d'ordre public, ont été conclus afin de déroger en matière de cartes bancaires aux obligations scripturaires posées en matière de preuve par le code civil. Voir, après un refus de T.I. de Sète, 9 mai 1984, D. 1985, J. 359, note Bénabent, de considérer comme suffisante la preuve informatique, une jurisprudence constante en sens contraire : Montpellier, 9 avr. 1987, JCP 1988, II, 20984, note Boizard ; et éd. ent., 15134 ; RTD civ. 1988, 758, obs. Mestre ; RTD com. 1989, 269, obs. Cabrillac et Teyssié ; Civ. 1re, 8 nov. 1989, Bull. civ. I, n° 342 ; D. 1990, 369, note Gavalda, et Somm. 327, obs. Huet ; JCP 1990, II, 21576, note Virassamy ; RTD com. 1990, 79, obs. Cabrillac et Teyssié ; Paris, 1 déc. 1980, D. 1981, J. 369, note Gavalda ; Com. 2 déc. 1980, Gaz. Pal. 1981, 1, Pan. 124).

2e PARTIE : LES PREUVES DANS UN CONFLIT COMMERCIAL À L'ENCONTRE D'UN COMMERÇANT OU D'UN PARTICULIER AUTEUR D'ACTE DE COMMERCE

A) Le principe de la liberté de preuve à l'encontre d'un commerçant ou d'un auteur d'activité commerciale

L'art. 109 C. com. établit une entière liberté de preuve à l'encontre d'un commerçant ayant agi dans le cadre ou pour l'intérêt de son commerce, peu important que la partie qui lui est opposée, et qui bénéficie de la liberté de preuve soit elle-même commerçant, ou simple particulier (Com. 14 oct. 1981, Bull.civ. IV, n° 358, p. 284 ; JCP 1982, IV, 7 ; Com. 19 janv. 1993, Bull. civ. IV, n° 21 ; D. 1993, IR., 36 ; Defrénois 1993, 1374, obs. Aubert ; Com. 12 oct. 1982, Bull. civ. IV, n° 313 ; Civ. 1re, 23 mai 1977, Bull. civ. I, n° 246 ; Civ. 1re 23 mars 1977, Gaz. Pal. 1978, 1, 89, obs. Viatte ; Com. 12 fév. 1980, Bull. civ. IV, n° 78, p. 60 ; D. 1980, IR, 396 ; Com. 16 déc. 1980, Bull. civ. IV, n° 425 ; Civ. 1re, 21 fév. 1984, Bull. civ. I, n° 66 ; Paris 24 oct. 1986, D. 1987, Somm. 443, obs. Aynès ; Com. 21 juillet 1988, RTD com. 1989, 60, obs. Derruppé ; JCP, éd. ent. 1989, II, 15519, note Delebecque ; Com. 21 juin 1994, Bull. civ. IV, n° 232 ; D. 1994, IR. 216. Voir notes de jurisprudence n° 1 à 5, sous l'art. 109 dans l'éd. Dalloz 1995-1996 du C. com. ; G. Parléani, « Un texte anachronique, le nouvel article 109 du Code de commerce », D. 1983, Chr., p. 65). Si à la demande d'un particulier la juridiction civile était choisie pour juger du conflit l'opposant à un commerçant défendeur, celle-ci devrait appliquer le droit commercial et sa liberté de preuve.

La preuve pourra ainsi être faite à l'encontre du commerçant par présomptions, témoignages, livres de commerce quelque soit l'importance de la valeur du litige.

L'art. 1330 C. civ. autorise l'adversaire, particulier ou commerçant, à évoquer contre le commerçant les livres de comptes tenus obligatoirement (art. 8 C. com.) par ce dernier : « Les livres des marchands font preuve contre eux, mais celui qui veut en tirer avantage ne peut les diviser en ce qu'ils contiennent de contraire à sa prétention ». Contre son rédacteur lui-même, le livre de commerce correspond à un aveu extra-judiciaire, par nature indivisible (art. 1356 al. 3C. civ. : **confessio dividi non debet**). Le livre de commerce n'emporte pas une preuve irréfragable, péremptoire, absolue contre son auteur, mais une preuve simple qui admet la preuve contraire. Théoriquement la deuxième règle de droit contenue à l'art. 1341 devrait s'appliquer. Le commerçant ne devrait pas pouvoir faire preuve par témoins ou indices contre ses propres livres. Il lui faudrait des écrits, par exemple des reçus, des bons de commande, émanant de son adversaire. En fait la jurisprudence se montre moins exigeante en vertu soit de la liberté de preuve en matière commerciale (art. 109 C. com.) si le conflit est entre deux commerçants, soit d'usages de droit mixtes réglant les relations établies entre les commerçants et leur clientèle. Elle autorise ainsi le commerçant à combattre par tous moyens ses propres livres de commerce (pour une jurisprudence contraire, voir Com. 14 juin 1957, Bull. civ. IV n° 187, in note 1 de jurisprudence sous l'art. 1330 dans l'éd. Dalloz 95)96 du C. civ.).

La jurisprudence a étendu ce principe de liberté de preuve aux auteurs d'activités commerciales même s'ils n'ont pas la qualité de commerçants de fait ou de droit. Que le demandeur à leur encontre soit un commerçant, ou un particulier, la preuve contre eux sera libre, le commerçant pouvant par exemple faire la preuve à leur égard grâce à ses livres de commerce renforcés par d'autres présemptions (Paris, 9 fév. 1979, Gaz. Pal., tables, 1979, sous le mot preuve, n° 71 ; Com. 17 fév. 1976, Gaz. Pal. 1976, 1, Somm. 99 ; Com. 8 janv. 1964, Bull. civ. IV, n° 21, p. 16). On a là une double exception, d'une part à l'art 109 C. com. qui prévoit que la liberté de preuve ne vaut qu'à l'encontre des seuls commerçants, et d'autre part à l'art. 17 C. com. décidant que les livres de commerce ne pourraient être invoqués que contre les commerçants. Cette jurisprudence s'exprime à travers un arrêt de principe Com. 17 mars 1981, Bull. civ. IV, n° 149 ; D. 1983, J. 23, note Plaisant ; Rev. sociétés 1982, 124, note Sousi, ayant décidé que des achats, par la mosquée de Paris, association de la loi de 1901, de viande destinée après consécration à la revente aux fidèles, n'étaient pas des actes civils par accessoires à son activité religieuse, mais des actes de commerce prouvables par tout moyen par le boucher fournisseur en réclamant le paiement. D'autres considérations auraient pu être invoquées par le demandeur, comme des usages de clientèle, ou l'impossibilité morale de se procurer un écrit. Cette jurisprudence est des plus logique car les tribunaux consulaires sont compétents en matière d'actes de commerce conclus entre quelques parties que ce soit (art. 631 3° C. com, et 411-2 3° C. org. jud.), leur compétence pouvant expliquer la déformalisation des conditions probatoires, en vertu du lien entre règles de compétence et de preuve. De surcroît on a vu que compte tenu d'usages mixtes, réglant les relations entre commerçants et particuliers non auteurs d'actes de commerce, de l'impossibilité morale pour les commerçants à exiger des écrits de la part de leurs clients, et de fréquentes conventions portant sur la liberté de preuve dans leurs relations, il était admis une certaine liberté de preuve à l'encontre des particuliers non-auteurs d'actes de commerce. Il est donc normal que cette liberté de preuve soit d'autant plus consacrée vis-à-vis de particuliers auteurs d'activités commerciales.

B) Le principe de la seule opposabilité entre commerçants des livres de commerce tenus régulièrement, et son atténuation jurisprudentielle

L'art. 17 al. 1, 2, et 3 C. com. autorise les commerçants à utiliser leurs documents comptables, leurs livres de commerce, comme instruments de preuve à l'occasion des contestations avec leurs semblables. Chacun des adversaires ayant l'obligation légale de tenir une comptabilité selon des normes définies par le Code de commerce (art. 8 à 16 C. com.), l'invocation de ces documents est justifiée.

Selon l'art. 17 al. 1, « la comptabilité régulièrement tenue peut être admise en justice pour faire preuve entre commerçants (présomption simple jusqu'à preuve contraire) pour faits de commerce ». Cette dernière expression de « faits de commerce » prévoit qu'en cas de contestation entre deux commerçants pour une opération qui n'est commerciale que pour l'un et civile pour l'autre (achat d'un bien de consommation pour ses besoins personnels par un commerçant), le livre de commerce n'aura que la force probante dont il dispose quand il est opposé par un commerçant à un non-commerçant (Com. 2 juin 1980, Bull. civ. IV, n° 226 ; D. 1981, I.R. 183).

Les deux comptabilités définies comme mode de preuve étant de force égale, si elles se contredisent, le juge conserve toute liberté pour refuser de trouver dans un livre de commerce invoqué une preuve des prétentions alléguées (Com. 4 nov. 1980, D. 1981, I.R. 260).

Si on lisait à la lettre l'art. 17 al. 1 et 2, seule une comptabilité régulièrement tenue pourrait avoir force probante, le livre tenu irrégulièrement ne pourrait même pas être évoqué en justice. Cette règle est appliqué avec mansuétude par la jurisprudence qui évoque pour lui faire exception la liberté des preuves en matière commerciale, prévue par l'art. 109 C. com. Le livre tenu irrégulièrement, s'il ne peut pas faire preuve de l'acte juridique rapporté jusqu'à preuve du contraire, pourra néanmoins servir de renseignement, de présomption judiciaire, du fait de l'homme, qui étayé par d'autres indices pourra servir à établir ce faisceau de présomptions graves précises concordantes de nature à emporter l'intime conviction du juge de l'art. 1353 C. civ. (Civ. 17 mars 1938, DP 1938, 1, 115, note Mimin ; Com. 17 fév. 1976, D. 1976, I.R. 128 ; Com. 18 mars 1969, J. 514 ; Com. 18 fév. 1992, Bull. civ. IV, n° 77 ; voir note de jurisprudence n° 1 sous l'art. 17 dans l'éd. Dalloz 1995-1996 du C. com.).

Le juge ne peut cependant pas puiser des présomptions du fait de l'homme en faveur du commerçant qui invoquerait sa comptabilité irrégulière contre un non-commerçant, ou un particulier qui n'aurait pas fait d'acte de commerce, parce que l'art. 109 C. com. ne s'applique pas à l'encontre du particulier étranger à une activité commerciale, et que le commerçant ne peut invoquer ni impossibilité morale, ni usage le dispensant de tenir régulièrement ses comptes. Toutefois le juge pourrait se servir d'un livre de commerce irrégulier invoqué par le particulier contre le commerçant l'ayant lui-même tenu.

SECOND SUJET : CORRIGÉ

Nous procéderons à une introduction distincte des deux arrêts, puis à leur commentaire commun.

INTRODUCTION à Req. 20 oct. 1920

Trois commerçants s'engagent de concert à régler une dette commerciale commune envers un créancier lui aussi commerçant, sans que leur accord ne stipule qu'ils soient débiteurs corréaux.

Le créancier non payé à échéance obtient leur condamnation solidaire par le tribunal de commerce de Paris. Au civil ces débiteurs ne seraient que conjoints. Un des débiteurs, Robin interjette appel (selon l'art. 552 NCPC l'appel d'un codébiteur solidaire profite aux autres). La Cour d'appel de Paris le déboute et rend un arrêt confirmatif.

Le pourvoi est rejeté par le présent arrêt établissant que les codébiteurs d'une obligation commerciale sont tenus chacun pour le tout, même en l'absence d'une stipulation expresse de solidarité passive dans leur convention.

INTRODUCTION à Com. 1er mars 1971

La société des Tanneries de Lutèce a conclu un contrat de commission (art. 94 C. com.) avec la société Tanning Contractors Limited de Liverpool à l'effet de lui faire acheter pour son compte un lot de peaux de lézard auprès d'un vendeur indien de Calcutta. Le commettant contesta la conformité de la marchandise à son arrivée en France.

Le tribunal saisi est le Tribunal de commerce de Paris, lieu de livraison de la marchandise (art. 46 NCPC), à moins que le contrat de commission n'ait contenu une clause attributive de compétence territoriale en faveur de cette juridiction (art. 48 NCPC).

Les tanneries réclament l'indemnisation du défaut de conformité auprès, non pas du commerçant indien, car elles sont un tiers par rapport à la vente en l'absence de mandat dévoilé (art. 1165, 1997 C. civ.), mais auprès des Contractors pour mauvaise inexécution de leur commission. Elles invoquent des usages s'appliquant aux contrats de commission d'achat de peaux. En l'absence d'obligation contractuelle ou légale, des usages internationaux obligeraient les commissionnaires à vérifier la conformité d'objet et l'absence de vices apparents des peaux achetées pour les commettants.

Le tribunal accepte les parères sans doute fournis par le demandeur (c'est à la partie qui invoque l'existence d'un usage de fait de le prouver) et condamne les Contractors à verser des dommages et intérêts aux Tanneries.

Les Tanneries en garantie de leur créance requièrent une saisie-arrêt conservatoire entre les mains d'un banquier sur le compte où elles avaient déposé les sommes dues aux Contractors pour prix de la commission. La saisie est ordonnée par ordonnance sur requête éventuellement non rétractée après assignation en référé du débiteur saisi. La saisie est provisoire, conservatoire car malgré le jugement la créance n'est pas encore exigible. Le fond du litige a été tranché, mais le jugement condamnant les Contractors n'est pas définitif, il n'est pas encore exécutoire, il n'est pas passé en force de chose jugée, puisque les délais pour former appel contre lui n'étaient pas encore écoulés quand l'appel a justement été formé contre lui (art. 500, 501 NCPC).

Les Contractors interjettent appel soutenant qu'ils ne s'étaient pas portés ducroires, c'est-à-dire garants de la bonne exécution du contrat. Le ducroire est une convention par laquelle le commissionnaire se porte garant vis-à-vis du commettat de l'exécution de l'opération par le tiers avec qui il traite pour le compte du commettant. L'arrêt infirmatif rendu ne répond pas aux conclusions de l'intimé car les Tanneries n'ont jamais prétendu que les Contractors se portaient ducroires. Elles ont simplement invoqué à leur profit et à la charge des commissionnaires une obligation coutumière de moyens, celle de vérification des marchandises expédiées. L'arrêt décide la main-levée de la saisie conservatoire puisque la créance des saisissants, les Tanneries, est devenue sans objet, leur demande en indemnisation ayant été refusée.

L'arrêt de cassation et renvoi est rendu à la demande des commettants pour défaut de base légale, car la Cour d'appel n'indique pas pourquoi elle a écarté l'application de l'usage, se tenant à la lettre du contrat (4e attendu).

La question de droit concerne dans les deux arrêts la portée du contrôle de la Cour de cassation en matière d'usages commerciaux.

Même si les deux arrêts ont été rendus sur la base d'usages commerciaux de nature différente, ils dénotent une évolution en faveur d'un contrôle plus étendu de la Cour suprême.

1re PARTIE : LA NATURE DIFFÉRENTE DES USAGES COMMERCIAUX ÉVOQUÉS DANS LES DEUX ARRÊTS

A) La présomption de solidarité en tant qu'usage de droit

1°) Son caractère dérogatoire et ses conséquences

La présomption de solidarité évoquée dans l'arrêt de 1920 étant contraire à l'article 1202 c. civ. selon lequel la solidarité ne se présume pas, est dérogatoire au droit commun civil. L'usage commercial de solidarité est donc contra legem, dérogatoire à la loi civile (attendus 2° et 3°).

C'est le motif le plus solide, justifiant à lui seul le rejet du pourvoi prétendant que le droit civil devait s'appliquer au contrat des commerçants. Les autres motifs invoqués par le présent arrêt sont plus discutables.

Notons que pour déroger à la présomption de solidarité commerciale, une convention tacite, une volonté claire des parties suffirait, même si elle ne prend pas la forme écrite. Par contre pour déroger au civil à la présomption de non-solidarité de l'art. 1202, il faut un accord expressément écrit des parties, car si cet art. 1202 est bien supplétif, il indique toutefois quelles sont les conditions requises de l'acte pour qu'il puisse valablement lui faire exception.

Aussi bien les usages commerciaux de droit que ceux conventionnels peuvent déroger à une loi civile supplétive. Ce caractère contra legem ne suffit donc pas à définir la nature juridique de l'usage commercial de solidarité.

La portée de cet usage rejoint la question de l'autonomie du droit commercial. Il ne fait pas de doute qu'un usage commercial de droit, contra legem, peut déroger à une loi civile impérative. Par contre un usage commercial de fait ne le peut pas puisque la loi civile de droit commun a vocation à s'appliquer en matière commerciale, sauf si une règle de droit, texte ou coutume légale, l'exclut. L'usage de fait commercial ne peut que déroger à des lois supplétives, puisqu'il a valeur de contrat implicite entre les parties, mais il peut s'agir alors aussi bien de lois civiles que commerciales. Cet usage conventionnel commercial peut déroger à tout type de lois civiles supplétives et seulement aux commerciales supplétives qui n'exigent pas un écrit pour renoncer à leur application. Il va sans dire qu'un usage commercial, de fait ou de droit, ne peut pas déroger à une loi commerciale impérative.

Cette règle de solidarité présumée n'est pas énoncée dans le code de commerce. Elle résulte d'un usage, voire d'une coutume si on accepte la distinction entre les deux. Le terme de coutume serait réservé à l'usage de droit.

2°) Son caractère supplétif et les conséquences

Cet usage étant supplétif, les parties auraient pu y déroger librement, même implicitement. Or elles ne l'ont pas fait, ce que la juridiction du fond pouvait déterminer librement puisqu'elle apprécie souverainement la volonté des parties. En l'espèce les juges du fond ont dégagé une commune intention des débiteurs et du créancier de ne pas déroger dans leurs rapports à l'établissement de l'usage de solidarité supplétif. La Cour de cassation ne peut pas contrôler leur décision sur ce point. Cet argument de rejet est solide.

3°) Son caractère général, abstrait, permanent, obligatoire

Comme la loi, l'usage de droit est général, impersonnel, abstrait, permanent, obligatoire, à ne pas confondre avec impératif, une loi restant obligatoire, même si elle est supplétive.

L'usage de droit par sa généralité s'applique sans distinction à un ensemble géographique ou professionnel. Ainsi la présomption de solidarité est-elle à la fois nationale et polyvalente, elle concerne toutes les professions commerciales, et toutes les opérations juridiques du monde des affaires :vente, transport, emprunt, etc. L'usage de fait lui n'a pas toutes ces qualités, il est souvent de portée moindre qu'une coutume, il est spécial à une région très circonscrite ou à une branche professionnelle très limitée, pour le reste les éléments constitutifs sont les mêmes (habitude prolongée, repetitio, et croyance en l'existence d'une sanction en cas de violation, opinio juris vel necessitatis).

Cet usage étant spécialement dérogatoire à l'article 1202 C. civ. lequel n'est pas de portée générale, mais ne traite que des contrats (l'art. 1202 emploie le terme stipuler du vocabulaire des contrats, et est situé au tit. 3 « des contrats ou des obligations conventionnelles en général », chap. 4, section 4, C. civ.), primitivement cette solidarité ne jouait qu'en matière contractuelle. Le crédit commercial ayant besoin de cette règle pour sa sécurité, cette présomption a été étendue aux obligations délictuelles et quasi-délictuelles. La question est d'importance puisque les obligations délictuelles commerciales sont réputées solidaires et non pas in solidum. La distinction perd de son intérêt parce qu'on applique aux deux cas les mêmes articles du Code civil (art. 1382, 1384 al. 1), et parce que la jurisprudence délictuelle civile tend à ne plus distinguer entre les effets des responsabilités in solidum et solidaire même si elle réserve la dénomination latine aux obligations délictuelles.

Cet usage est obligatoire puisque le contrat des parties n'a pas besoin d'y faire référence. Cette norme objective s'impose aux intéressés, obligatoirement mais de manière non impérative. Cette présomption n'est pas irréfragable elle ne s'applique pas contre la volonté des parties qui peuvent l'écarter expressément.

Cet usage a même la qualité de permanence, car il est ancien comme le souligne l'arrêt. Historiquement cette solidarité reposait sur une présomption de société de fait entre commerçants ayant effectué ensemble des opérations juridiques. Puis cette solidarité fut présumée comme un concept autonome indépendant de toute société. L'arrêt indique des motifs pratiques qui ont conduit historiquement à adopter cette règle par dérogation au code civil. Il s'agit de favoriser les affaires, en garantissant les créanciers dans les transactions commerciales.

4°) La définition par l'arrêt de 1920 de l'usage de solidarité comme conventionnel

La Cour de cassation considère l'usage de solidarité comme un usage de fait, conventionnel (attendu 3° et 4°), pour deux raisons.

L'art. 1202 C. civ. dispose que seule une loi ou une convention expresse peut déroger à la présomption civile de non-solidarité qu'il formule ; or notre usage établit une présomption tacite qui y fait exception. En raisonnant a contrario la Cour de cassation a fait le mauvais choix, elle a estimé que la dérogation à la loi civile supplétive était conventionnelle, c'est-à-dire que l'usage était de fait, alors qu'elle aurait pu aussi bien en déduire que l'usage dérogatoire avait valeur de loi, c'est-à-dire était de droit.

En outre, on a vu que notre usage commercial de solidarité était lui aussi supplétif (on dit aussi interprétatif). Pour la Cour de cassation en 1920, cela implique qu'il est donc usage de fait. Étant supplétif, on peut y déroger par un simple contrat, un tel usage n'a donc pas plus de valeur qu'un contrat, et doit alors être défini selon elle comme conventionnel.

La synonymie proposée entre usage supplétif et usage conventionnel, de fait, est inadmissible, puisqu'il existe des usages de droit supplétifs, contenant une règle de droit, abstraite et générale, permanente et obligatoire, une norme de droit, mais supplétive, interprétative. Le juge du fond peut faire état d'une volonté contraire des parties, même non exprimée par écrit, par laquelle celles-ci se déclareraient non débitrices solidairement, pour en écarter l'application en l'espèce. Ceci ne donnerait pas ouverture à pourvoi en cassation s'agissant d'une question de fait, mais ceci ne ferait pas non plus d'un usage supplétif un usage conventionnel.

La jurisprudence a depuis évolué. On distingue désormais parmi les usages de droit, ceux qui sont impératifs et ceux qui sont supplétifs, puisqu'aussi bien il existe des lois supplétives. Seul l'usage de fait, conventionnel, facultatif, est un usage dont l'existence et la portée juridique sont des questions de fait échappant au contrôle de la Cour de cassation. Cette tendance est déjà apparue dès 1929, la jurisprudence après ce revirement définissant constamment l'usage de solidarité comme une règle de droit (Voir Civ. 18 juillet 1929, D.H. 1929, 556 ; Civ. 7 janv. 1946, 132 ; Com. 21 avr. 1980, Bull. civ. IV n° 158).

5°) L'usage de solidarité défini comme présomption judiciaire

La Cour de cassation définit en 1920 cette solidarité commerciale comme une « simple présomption », relevant de l'appréciation souveraine des juges du fond. La présomption de solidarité est définie comme judiciaire, du fait de l'homme (art. 1353 C. civ.). La recevabilité et la force probante de cette présomption de fait relèvent de l'interprétation souveraine des juges de fond (4° attendu). Le contrôle de la Cour de cassation se limite à la qualification, à la définition juridique, donnée au mode de preuve (présomption légale, de fait, simple, irréfragable), et à la vérification de la logique des conséquences juridiques tirées par les juges du fond de la présomption ainsi établie (absence de contradiction de motifs).

Or cette définition des conseillers suprêmes de la solidarité en tant que présomption de fait est erronée. Il s'agit d'une présomption légale (art. 1350 C. civ.) n'ayant aucun des caractères de la présomption judiciaire. Elle est d'application immédiate dans le domaine commercial sans que le magistrat ait un pouvoir discrétionnaire pour l'induire librement d'un fait et former ainsi sa conviction. C'est une présomption légale, même si la loi qui la contient n'est pas décrite. La Cour de cassation avait donc le pouvoir de contester la définition donnée à cette présomption par la Cour d'appel, et pouvait étendre son contrôle dessus. Même si l'appelant doit être débouté, c'est sur un autre fondement que l'absence de pouvoir de contrôle de la Cour de cassation.

B) La nature de l'usage de vérification imposé aux commissaires d'achat

L'arrêt de 1971 note que l'usage international d'obligation de vérification de conformité des marchandises à la charge des commissionnaires est tout d'abord professionnel. Cet usage est présumé accepté par les parties commerçantes de la même branche, en l'occurrence la tannerie-maroquinerie, comme complément de leur contrat (art. 1160 C. civ.), en l'absence de clause contraire l'excluant, sans besoin de référence expresse ou même implicite des parties à celui-ci dans leur convention (3e attendu). Si les parties étaient commerçantes de deux branches différentes, il faudrait une référence expresse à l'usage, alors facultatif, pour que celui-ci s'applique au contrat. Cela ne lui donne pas toutefois les caractéristiques de l'usage de droit. Il en a le caractère obligatoire, mais il lui manque la généralité, l'abstraction, l'impersonnalité, la permanence, puisqu'étant professionnel, il ne vaut justement, que dans les contrats de commission portant sur le commerce des peaux (3e attendu).

Cet usage est supplétif (3e attendu). Depuis un arrêt de 1929 (Civ. 18 juil. 1929, DH 1929. 556), la Cour de cassation a abandonné la jurisprudence de l'arrêt précédant de 1920 définissant arbitrairement tous les usages supplétifs comme usages de fait échappant à son contrôle. Elle se refusait alors à distinguer entre la question de fait de l'existence ou de l'opposabilité de l'usage, et celle de droit de son application juridique par les juges du fond.

Il n'est pas évidemment impératif puisque les parties pourraient l'écarter par une convention contraire expresse. C'est enfin un usage conventionnel international. Tous ces points peuvent être contestés par les parties, parères à l'appui, mais n'ont pas fait l'objet de débats devant la Cour d'appel. Cet usage est praeter legem, il complète le silence de la loi sur les obligations précises des commissionnaires.

Les juges du fond n'ayant pas déterminé une intention commune des parties de déroger à l'obligation coutumière de contrôle de conformité à la charge des commissionnaires, la Cour de cassation, sans toucher au fond du litige, peut casser l'arrêt d'appel pour refus d'application d'un usage obligatoire. Si les juges du fond avaient au contraire dégagé une commune intention de renoncer à l'application de l'usage de fait, la Cour de cassation n'aurait pas pu censurer cette décision.

2e PARTIE : LES POUVOIRS DE LA COUR DE CASSATION EN MATIÈRE D'USAGES CONVENTIONNELS

A) L'attitude circonspecte de 1920

Beaucoup plus que l'erreur faite par la Cour de cassation à définir l'usage de solidarité comme de fait et non de droit, l'important ce sont les conséquences qu'elle tire de la définition donnée d'usage conventionnel au principe de solidarité.

De manière constante, suivant encore de nos jours sur ce point précis la leçon de l'arrêt de 1920, la Cour de cassation se déclare toujours incompétente pour se prononcer sur la validité ou l'existence d'usages de fait lorsqu'ils n'ont pas été repris dans un texte officiel. Elle statue par contre sur l'opposabilité, la portée, l'existence d'usages de droit, et sur leur application juridique par les juges du fond, les deux questions étant de droit.

La Cour de cassation refuse en 1920 d'effectuer une distinction complexe entre le contrôle de la validité, de l'existence, de l'opposabilité, ou de la portée matérielle d'un usage conventionnel, questions de fait lui échappant, et la vérification de la rigoureuse application juridique par les juges du fond de l'usage de fait, sa stricte interprétation juridique avec le respect des conséquences logiques et légales en découlant, question de droit. Il y aurait par exemple contradiction de motifs si le juge du fond après avoir souverainement décidé de l'existence de l'usage conventionnel et de sa portée juridique n'en tirait pas les conséquences logiques qui s'imposaient. Par ex. une Cour d'appel estimerait souverainement qu'il existe un usage obligatoire complétant le contrat des parties, puis elle énoncerait que cet usage ne s'impose pas à elles parce qu'elles n'y ont pas fait référence dans leur contrat. La Cour de cassation connaît cette distinction complexe (voir le 4e attentu), mais l'estime trop abstruse pour être pratiquable.

B) Le contrôle de légalité de l'application des usages conventionnels dans l'arrêt de 1971

La Cour de cassation, n'étant compétente qu'en cas de violation de la loi, ne pourrait connaître de la portée de l'usage de vérification à la charge des commissionnaires que s'il était usage de droit. Or, il s'agit d'un usage de fait, sur lequel cependant elle exerce un contrôle dérivé, indirect, purement formel.

Dans le présent arrêt la Cour suprême rappelle le pouvoir souverain d'appréciation des juges du fond. Ils peuvent interpréter souverainement les conventions litigieuses, déterminer comme ils l'entendent le contenu d'un usage de fait, et en retirer un doute sérieux sur l'existence d'une créance, mais ils doivent alors motiver leur décision en expliquant pourquoi ils rejettent les conclusions d'une partie soutenant l'existence d'un usage de fait, ou pourquoi ils refusent de l'appliquer au contrat des parties, considérant cette coutume comme leur étant inopposable. L'arrêt d'appel est cassé pour « interprétation des conventions litigieuses sans s'expliquer sur l'élément d'appréciation résultant de ses usages ». La Cour d'appel a refusé d'appliquer un usage à une convention sans dire pourquoi (4e attendu). Sur la forme la motivation de la Cour d'appel pour infirmer le jugement du tribunal de commerce est insuffisante. Il n'est pas reproché à la Cour d'appel d'avoir mal appliqué le droit, il lui est fait grief de ne pas avoir suffisamment motivé sa décision. Le défaut de base légale est un cas prétorien qui complète la violation de la loi et qui formellement est censé en faire partie d'après la généralité de l'art. 7 de la loi du 20 avril 1810 cité au visa : « La justice est rendue souverainement par les Cours impériales ; leurs arrêts, quand ils sont revêtus des formes prescrites à peine de nullité, ne peuvent être cassés que pour une contravention expresse à la loi ». Le moyen du défaut de réponse à conclusion est le même que celui du défaut de base légale mais vu du côté du demandeur au pourvoi. Pour qu'il y ait similitude entre les deux moyens, il faut que la conclusion à laquelle il n'a pas été répondu contienne un élément de droit essentiel pour trancher le litige.

Un autre moyen de cassation en matière d'usages de fait serait la contradiction, la contrariété, de motifs affectant tout raisonnement des juges du fond dont la conclusion n'est pas en accord rigoureux avec les prémisses factuels dégagés souverainement par eux. La Cour de cassation a compétence pour examiner si l'arrêt d'appel qui lui est soumis est conforme aux principes que l'on doit suivre en matière d'interprétation juridique de contrats ou d'usages de fait. Quand une Cour d'appel après avoir établi la consistance, la portée, le contenu, l'existence de l'usage de fait (déterminations qu'elle peut accomplir souverainement car il s'agit d'une question de fait), en tire ensuite de mauvaises conclusions juridiques, en fait une application juridique erronée, il y a ouverture à pourvoir en cassation. Le contenu de la qualification donné à l'usage par la Cour d'appel n'est pas contrôlé, ce qu'il l'est, c'est si les conséquences issues de cette qualification donnée souverainement par les juges de fond ont été respectées. Par ex., la Cour d'appel détermine souverainement que l'usage de vérification concernant les commissionnaires est un usage facultatif. Puis elle prétendrait qu'il doit s'appliquer à eux bien que leur contrat n'en fasse pas mention, tirant ainsi une fausse conséquence juridique de ses propres constatations factuelles. L'hypothèse de notre arrêt est très semblable, on déclare un usage obligatoire inopposable aux Contractors sans dire pourquoi. La Cour de cassation contrôle aussi si les qualificatifs juridiques sont bien en accord avec les caractéristiques juridiques de l'usage présenté. L'usage est présenté souverainement par les juges du fond, mais les conséquences juridiques, les attributs juridiques qui lui sont conférés suite à la détermination souveraine de sa nature par les juges du fond sont contrôlées. Par ex. une Cour d'appel peut librement déclarer qu'il s'agit d'un usage de fait supplétif. Elle ne pourrait pas ensuite en déduire qu'il pourrait déroger à une loi civile impérative (seul un usage de droit le peut).

La distinction autrefois rejetée (Req. 20 oct. 1920) car trop complexe entre le contenu, l'existence, la validité, l'opposabilité, la portée d'un usage et sa qualification légale avec les conséquences juridiques qui en découlent, et leur explication claire, est désormais faite. La Cour peut maintenant soutenir qu'il y a fausse application de la loi, c'est-à-dire défaut de base légale ou contrariété de motifs, quand on ne comprend pas les conséquences juridiques dégagées de l'application d'un usage de fait, soit par déficit d'explication (défaut de base légale), soit par raisonnement faussé (contradiction de motifs). Cette mauvaise interprétation juridique, ou cette explication incomplète de l'application d'un usage de fait, sont des questions de droit. Par opposition à l'arrêt de 1920, la Cour de cassation accepte désormais de se pencher sur la manière logique et juridique dont les juges du fond appliquent un usage de fait, même non rédigé, non repris dans un écrit, et sur l'explication qu'ils en donnent, seule la question stricto sensu de l'existence, du contenu, de la portée et de l'opposabilité de l'usage conventionnel appliqué relevant du fait pur et de l'interprétation souveraine des juges du fond. La juridiction suprême ne peut en effet s'octroyer le pouvoir de rechercher la portée juridique de l'usage de fait car cela l'amènerait à déterminer l'application qu'ont voulu lui en donner les parties aux contrats et partant à interpréter une convention. Cet argument est présenté au quatrième et dernier attendu.

Un certain nombre de pourvois qui autrefois auraient été rejetés comme touchant aux faits, au fond du litige, sont de nos jours acceptés. La cour de cassation tend à se rapprocher d'un 3e degré de juridiction. La réforme des lois du 3 janvier 1979 et du 6 août 1981 n'a fait qu'accentuer le mouvement en permettant à la Cour de statuer après cassation et sans renvoi.

La nouvelle Cour d'appel de renvoi pourra-t-elle aussi infirmer le jugement mais pour de motifs plus explicites en se pronoçant clairement sur la question de fait de la portée des usages invoqués par l'intimé.

UNIVERSITÉ DE LYON III (JEAN MOULIN)

Session de mai 1996

Professeur ayant donné les sujets et établi les corrigés :
Mme S. Dana-Demaret

PROGRAMME

Droit des sociétés : Sociétés civiles et commerciales ; Règles applicables à l'ensemble des sociétés ; étude de chaque forme sociale ; Fonctionnement des sociétés ; Relations financières entre sociétés (fusions, acquisitions, holdings de transmission) ; Groupes de sociétés (constitution, fonctionnement).

SUJETS

DISSERTATION : deux sujets au choix :

PREMIER SUJET

La mésentente au sein des sociétés

DEUXIÈME SUJET

Analyser la fusion à travers son impact sur les sociétés concernées.

L'usage des codes est autorisé.

Ces deux sujets s'adressent à des étudiants n'ayant pas suivi de travaux dirigés dans cette discipline durant l'année universitaire.

PREMIER SUJET : INDICATIONS DE CORRECTION

C'est un sujet de synthèse qui porte sur un thème concernant l'ensemble des sociétés.

Il faut éviter le recensement exhaustif des hypothèses de mésentente qui serait fastidieux et sans grand intérêt ; le recensement sera effectué dans la phase de préparation sur brouillon, de manière à éviter toute omission, sélectionner ce qui sera traité dans les développements, et trouver entre les éléments retenus des points de convergence qui pourront servir de trame pour le plan.

L'introduction invoquera l'affectio societatis, élément intentionnel de la société qui n'est pas expressément mentionné par l'article 1832 du code civil, mais qui est néanmoins considéré unanimement comme essentiel à la société.

Après en avoir rappelé le caractère multiforme (aspect volontaire de la participation, convergence d'intérêts, absence de lien de subordination entre associés), il faut insister sur la notion de « ciment social » nécessaire pour la solidité et la permanence de la société. Toute atteinte à ce ciment peut constituer un danger potentiel pour la société, plus ou moins grave suivant la gravité de l'atteinte.

La mésentente est justement une atteinte grave à l'affectio societatis, dans la mesure où elle peut entraîner un amoindrissement de cet élément intentionnel dans le cadre des relations sociales, ou de manière plus radicale, sa disparition pure et simple. (Voir Cozian et Viandier, Droit des sociétés, Litec 1995, n° 200 : L'affectio societatis est le « coude à coude – sinon le corps à corps – entre associés qui finissent parfois dos à dos »).

La mésentente est en quelque sorte la négation de l'affectio societatis.

Son impact peut varier en fonction de la forme sociale considérée, l'atteinte étant plus immédiatement perceptible dans les sociétés caractérisées par un fort intuitus personæ ; cela étant, il ne faudrait pas pour autant lier trop strictement mésentente et intuitus personæ, car les sociétés dites de capitaux peuvent également connaître des crises profondes provoquées par un climat de mésentente au sein des relations sociales.

Elle n'est pas définie par la loi, qui ne l'envisage expressément que de manière radicale, dans le cadre de l'article 1844-7, 5° du code civil (« la société prend fin... par la dissolution prononcée par le tribunal en cas de mésentente entre associés paralysant le fonctionnement »).

De cette référence textuelle, on peut aisément déduire que la mésentente qu'il faut analyser ici n'est pas le simple désaccord ponctuel auquel une solution amiable pourra être trouvée sans difficulté majeure, mais le réel conflit pouvant aboutir à la disparition de la société.

Mentionner le risque de conflit revient nécessairement à déterminer les belligérants en conflit ; en ce sens, la mésentente peut entraîner des conflits entre associés et dirigeants (I) : le conflit intervient entre organes de hiérarchies différentes ; elle peut également provoquer des conflits à l'intérieur de la collectivité des associés (II) : le conflit intervient alors au sein d'un même organe.

I - LA MÉSENTENTE ENTRE ASSOCIÉS ET DIRIGEANTS

Par application du principe de hiérarchie et de séparation des pouvoirs, chaque organe social est doté de pouvoirs propres qui sont déterminés par les textes.

Cette séparation des pouvoirs, qui est indispensable pour une gestion rationnelle de la société, peut être à l'origine de conflits ; ainsi, les associés, non compétents pour ce qui est attribué par la loi aux organes dirigeants, peuvent contester l'opportunité au regard de l'intérêt social des décisions de gestion. De leur côté, les dirigeants seuls compétents pour convoquer les associés en assemblée générale peuvent bloquer tout processus de délibération collective.

Ces exemples montrent que la mésentente peut instaurer au sein de la société un climat de méfiance (A) ou provoquer un réel affrontement entre organes (B).

A) La méfiance

Bien que de nombreuses dispositions soient prévues dans la loi pour maintenir un climat de confiance entre associés et dirigeants et permettre une réelle transparence dans les relations sociales, notamment en accordant aux associés un droit à l'information (information permanente ou occasionnelle prévue par les articles L 16, 56, 168 et 170 ; système des questions écrites), ces mesures supposent un minimum de bonne volonté de la part des dirigeants face aux obligations légales ou aux sollicitations émanant des associés.

Lorsque tel n'est pas le cas, les associés disposent alors de moyens supplémentaires d'accès à l'information en faisant intervenir l'autorité judiciaire, par le biais d'une demande d'expertise de gestion (1°) ou d'expertise in futurum (2°).

1°) Le recours à l'expertise de gestion

Les développements ne présentent pas de difficultés particulières. Après avoir donné les fondements textuels (articles L 64-2 et 226), il faut envisager d'une part l'intérêt de cette mesure d'information, et d'autre part ses limites en indiquant les différentes restrictions prévues par les textes et strictement contrôlées par la jurisprudence : domaine limité aux SARL et aux sociétés par actions – accès limité à certaines personnes – détention minimum d'une fraction égale au dixième du capital social lorsque la demande émane des associés – contrôle ponctuel d'opérations de gestion seulement.

Ceci fait apparaître la souplesse d'utilisation de la seconde mesure d'expertise.

2°) Le recours à l'expertise in futurum

Cette mesure est prévue par l'article 145 NCPC et n'est pas spécifique au droit des sociétés. Néanmoins, elle est de plus en plus souvent mise en œuvre, notamment en raison de la souplesse de ses conditions et de ses effets en définitive assez proches de ceux de l'expertise de gestion (qu'il convient bien sûr de rappeler).

Lorsque les associés constatent que leur méfiance est légitime, la mésentente génère rapidement un affrontement.

B) L'affrontement

L'affrontement entre associés et dirigeants peut mener à des actions offensives (1°) ou être traité par l'intervention d'un tiers, l'administrateur provisoire (2°).

1°) Les actions offensives

Il faut signaler ici, mais de façon assez rapide, que les conflits entre associés et dirigeants peuvent entamer la relation de confiance nécessaire, sur laquelle repose l'idée de mandat social.

La révocation des dirigeants sera alors une éventualité à ne pas négliger ; ainsi dans les sociétés anonymes, la mésentente peut entraîner à elle seule et indépendamment de toute faute émanant des dirigeants leur révocation, puisque cette dernière est ad nutum.

Également, il faut envisager la faculté qu'ont les associés d'agir en responsabilité contre leurs dirigeants, soit à titre individuel soit dans le cadre d'une action sociale. Mais les développements doivent être courts et montrer que la mésentente n'est pas – en principe – la cause première de l'action, qui suppose que soient réunis les éléments classiques de la responsabilité civile. La mésentente sera davantage perçue comme un phénomène induit.

2°) Le recours à un administrateur provisoire

L'administrateur provisoire est désigné par voie de justice, et il a vocation à se substituer aux organes de gestion le temps de résoudre le conflit.

Les développements doivent décrire l'origine jurisprudentielle de cette institution (notamment l'arrêt Fruehauf : Paris 22 mai 1965. D. 1968. J. p. 168), puis les conditions de nomination en insistant sur le fait que la seule mésentente ne suffit pas à justifier la demande de nomination. Le conflit doit réellement mettre en péril la survie de la société.

Il faut ensuite décrire la procédure (judiciaire, souvent par la voie du référé) et enfin la mission de l'administrateur provisoire.

Lorsque les conditions de nomination ne sont pas réunies, c'est-à-dire lorsque la mésentente existe, mais ne met pas en péril la société, la solution passe désormais assez souvent par la nomination d'un enquêteur conciliateur (affaire Pétrossian : Paris 7 mars 1990. Rev. Soc. 1990.256).

On peut s'interroger à ce sujet sur l'incapacité des acteurs du conflit à dégager d'eux-mêmes les éléments de solution, et sur le recours de plus en plus fréquent à cette forme d'arbitrage par l'intermédiaire du pouvoir judiciaire.

II - LA MÉSENTENTE ENTRE ASSOCIÉS

La mésentente entre associés entraînant paralysie de la société est mentionnée à l'article 1844-7 du code civil comme cause possible de dissolution (B') ; pour éviter cette solution extrême, il peut être parfois opportun d'envisager l'éventualité d'une séparation (A').

A) La séparation

Lorsqu'un associé est à l'origine du conflit, la solution peut passer par son départ – forcé ou volontaire. Cela étant, les mesures de séparation que sont l'exclusion (1°) et le retrait (2°) ne sont pas de mise en œuvre facile.

1°) L'exclusion

L'exclusion consiste dans le rachat forcé des titres de l'associé que les autres veulent évincer de la société.

Elle se heurte à des obstacles importants, notamment le droit d'être et de rester associé, ou encore le droit de propriété et l'interdiction de toute expropriation sauf pour cause d'utilité publique (code civil, art. 544 et 545).

Face à ce principe général d'interdiction, certaines exceptions légales doivent être signalées (sociétés à capital variable ; sociétés par action simplifiées ; cas des sociétés en redressement judiciaire, la mesure vise alors les dirigeants), mais elles restent très limitées.

La jurisprudence quant à elle est assez fluctuante ; une trop stricte application de ce principe général peut provoquer des dissolutions éminemment regrettables, alors même que la mésentente n'est pas généralisée. Il y a un équilibre à trouver entre le droit intangible qu'a tout associé de rester dans la société, et l'intérêt social de la personne morale qui risque de disparaître.

Les exemples jurisprudentiels refusant ou admettant l'exclusion sont assez nombreux, et peuvent être cités à l'appui d'une réflexion personnelle sur la question.

2°) Le retrait

Le retrait doit être distingué de la sortie organisée par la cession des titres. Le retrait au sens strict se traduit par le remboursement de l'apport initial de l'associé qui exerce cette faculté ; il provoque de ce fait une atteinte fondamentale au principe d'intangibilité du capital social. Cela explique entre autres qu'il ne soit admis que de manière très restrictive.

Pour rester dans le cadre de la mésentente (car le retrait existe dans d'autres cadres juridiques, notamment la réglementation boursière), le retrait ainsi défini n'est possible que dans les sociétés civiles, l'article 1869 du code civil est en effet le seul texte à disposer que le retrait peut être autorisé judiciairement pour justes motifs.

Il est alors souvent considéré comme le moyen d'éviter la dissolution de la société (affaire Péllissier, cass. civ. 27 février 1985 ; Rev. Soc. 1985.620).

B) La dissolution

La mésentente est reconnue comme juste motif de dissolution par l'article 1844-7, 5° du code civil.

C'est un motif d'ordre public, mais qui suppose que soit établie la paralysie de la société.

C'est dans ce cadre que la mésentente devient réellement la négation de l'affectio societatis, et c'est dans ce cadre que l'affectio societatis devient un élément primordial.

Après avoir envisagé les conséquences de la dissolution, il est possible en guise de conclusion rapide de mentionner que lorsque la mésentente entre les associés est telle que plus aucune décision ne peut être prise en assemblée générale, que le fonctionnement normal des organes est totalement bloqué, cela signifie que le « ciment social » que représente normalement l'affectio societatis s'est en fait désagrégé : la conséquence inéluctable en est la disparition de la société – disparition éventuellement regrettable sur le plan économique.

SECOND SUJET : INDICATIONS DE CORRECTION

Ce sujet (la fusion à travers son impact sur les sociétés concernées) ne présente pas de difficultés particulières. Il faut cependant veiller à ne pas faire une étude chronologique et exhaustive des opérations de fusion. Il s'agit de sélectionner les éléments en relation directe avec l'énoncé ; ainsi la réglementation concernant les mentions obligatoires du projet de fusion ne relève pas du sujet.

L'introduction peut aborder la fusion en la considérant d'un point de vue économique, comme un mode de concentration donnant au bénéficiaire de l'opération une position renforcée voire dominante sur le marché considéré. Cela permet d'indiquer que dans certains cas de figure, un contrôle devra être effectué au regard des principes du droit de la concurrence, au plan interne ou communautaire selon l'ampleur de l'opération envisagée.

Puis il faut définir concrètement ce qu'est une fusion en décrivant tout d'abord les différents modes de fusion (art. L 371) : fusion par annexion, fusion par création, fusion à l'anglaise (qui n'est pas une fusion au sens juridique), en situant l'opération de fusion par rapport à la scission et à l'apport partiel d'actif, pour enfin en donner rapidement les principales caractéristiques (transmission universelle de patrimoine ; augmentation de capital) qui seront ensuite approfondies dans les développements.

Enfin, l'introduction pourra envisager le domaine d'intervention et rappellera que l'opération ne peut intervenir qu'entre personnes morales, le plus souvent des sociétés, dont l'une sera absorbante et l'autre (ou les autres) absorbée(s).

Deux plans sont proposés.

Le premier s'en tient strictement à l'énoncé du sujet : analyse de la fusion à travers l'impact sur les sociétés concernées. Quelles sont les sociétés concernées ? La société absorbante (I) et la société absorbée (II). Il présente le mérite d'une grande clarté, mais les développements devront faire attention à éviter les répétitions éventuelles ; certains éléments sont en effet communs aux deux sociétés (évaluation par exemple) et lors de leur examen, il faudra le signaler.

Le second plan se détache davantage de l'énoncé et envisage la matière avec plus de recul ; à travers son impact dans les différentes sociétés concernées, l'opération de fusion peut être examinée sous un angle économique (I) et juridique (II).

1er Plan

I – FUSION ET SOCIÉTÉ ABSORBANTE

La fusion se traduit ici fondamentalement par une augmentation de capital, nécessaire pour permettre l'intégration de la société absorbée (A), augmentation dont il faut déterminer le montant (B), sous contrôle du seul commissaire à la fusion, puisque depuis la loi du 11 février 1994, l'intervention du commissaire aux apports n'est plus obligatoire.

A) Le principe de l'augmentation de capital

1°) Le cas général

– Raisons d'être et modalités de l'augmentation de capital : art. L 372

– Consultation des assemblées spéciales (notamment des porteurs d'actions à dividende prioritaire ; art. L. 376 al. 2)

2°) Les cas particuliers

– Participation préalable de l'absorbante dans l'absorbée : fusion-renonciation

– Absorption d'une filiale à 100 % : absence d'augmentation de capital

– Participation préalable de l'absorbée dans l'absorbante : augmentation suivie d'une réduction de capital à concurrence du nominal des titres auto-détenus ; pour les sociétés par actions : art. L. 217-6

B) Le montant de l'augmentation de capital

Ces éléments financiers sont envisagés dès la phase préparatoire, dans le protocole de fusion. Pour déterminer le montant de l'augmentation de capital nécessaire dans la société absorbante, il faut préalablement calculer la parité d'échange entre les titres des deux sociétés, ce qui peut faire apparaître des rompus.

1°) Le calcul de la parité d'échange

– Les critères d'évaluation : valeur mathématique, valeur de rendement, valeur fondée sur le potentiel humain (aptitude de l'entreprise à organiser l'ensemble des moyens humains et matériels dont elle dispose : compétence, savoir-faire, stabilité de l'emploi...)

– Les recommandations de la COB : pluralité de critères, usage de critères réellement distincts, usage de critères significatifs, usage de critères identiques pour les différentes sociétés, appliqués à des dates et sur des périodes identiques ; cette dernière recommandation peut poser parfois problème et entraîner une évaluation faussée, notamment lorsque les secteurs d'intervention des sociétés sont totalement différents ; dans ce cas, des dérogations sont admises sous réserve d'une information claire, l'essentiel étant que les associés puissent se décider en connaissance de cause.

Les différentes évaluations permettent de comparer financièrement les sociétés, et de déterminer quelle sera la parité d'échange, c'est-à-dire le nombre d'actions devant être présenté par les associés de la société absorbée pour obtenir une action nouvellement créée de la société absorbante.

2°) L'existence et le traitement des rompus

La parité d'échange ne permet pas nécessairement d'attribuer un nombre entier de titres nouveaux à chaque associé de la société absorbée ; la différence constitue les rompus dont il faut impérativement régler le sort. La négociabilité des rompus est un premier mode de traitement ; le versement d'une soulte en espèces est possible à hauteur de 10 % de la valeur nominale des titres attribués (art. L. 371 al. 4) ; dans les sociétés par actions il est possible de prévoir le rachat préalable par la société absorbée d'un petit nombre d'actions, 0,25 % du capital, en vue de leur annulation (article 184 du décret du 23 mars 1967).

II – FUSION ET SOCIÉTÉ ABSORBÉE

La société absorbée a vocation à disparaître (B') ; mais de façon totalement dérogatoire au droit commun c'est une dissolution sans liquidation puisqu'elle s'accompagne de la transmission universelle de patrimoine (A').

A) Transmission universelle de patrimoine

C'est certainement la caractéristique essentielle de la fusion, posée par l'article 372- 1 de la loi du 24 juillet 1966 ; c'est une transmission active et passive, dont il faut examiner les conséquences au regard des différents intérêts juridiques en présence.

1°) Situation des associés et dirigeants

2°) Situation des créanciers

– Créanciers non obligataires et créanciers obligataires ;
– Sort des garanties, réelles ou personnelles ;

3°) Situation des salariés

Transmission des contrats de travail : code du travail, art. L 122-12.

B) Dissolution de la société absorbée

1°) Conséquence juridique : compétence de l'assemblée générale extraordinaire

2°) Conséquence fiscale : intérêt éventuel de la clause de rétroactivité

2e Plan

Seule la trame générale sera indiquée, les développements correspondant étant à reprendre dans le corrigé indicatif précédent.

I APPROCHE ÉCONOMIQUE DE LA FUSION

A)L'évaluation des sociétés concernées

1°) Paramètres d'évaluation

2°) Recommandations de la COB

3°) Procédures de contrôle (commissaire à la fusion)

B) L'échange de titres

1°) Le calcul de la parité d'échange

2°) Le montant de l'augmentation de capital

3°) Le traitement des rompus

II - APPROCHE JURIDIQUE DE LA FUSION

A) Situation de la société absorbée

1°) Dissolution sans liquidation

2°) Transmission universelle de patrimoine

B) Situation de la société absorbante

1°) Principe de l'augmentation de capital

2°) Cas particuliers

UNIVERSITÉ DE LYON III
ANTENNE UNIVERSITAIRE DE BOURG-EN-BRESSE

Session de mai 1996

Professeur ayant donné le sujet et établi le corrigé :
M. J.-J. Serret

PROGRAMME

Actes de commerce ; commerçants ; fonds de commerce ; notions de droit de la concurrence et de la consommation ; contrats spéciaux (vente, mandat, contrat d'entreprise, transaction).

SUJET

COMMENTAIRE

Commentez l'arrêt suivant de la Chambre commerciale de la Cour de cassation du 7 février 1995.

La Cour : – Sur le moyen unique, pris en ses deux branches : – Attendu qu'il résulte de l'arrêt confirmatif attaqué (CA Basse-Terre, 10 févr. 1992) qu'aux termes d'un acte du 30 janv. 1962, Mme Feigelonne a donné en location-gérance à Mme Gabriel un fonds de commerce de tissus dont elle était propriétaire ; qu'ayant reçu un avis de congé le 1er juin 1987, Mme Gabriel a contesté la nature du contrat précité, soutenant qu'il s'agissait non d'une location-gérance mais d'un bail commercial ; que Mme Feigelonne l'a assignée aux fins d'obtenir son expulsion ; – Attendu que Mme Gabriel reproche à l'arrêt d'avoir accueilli cette demande, alors, selon le pourvoi, d'une part, que le propriétaire de locaux doit être propriétaire du fonds de commerce objet du contrat de location-gérance ; que la cour d'appel, qui a qualifié le contrat conclu entre Mme Gabriel et Mme Feigelonne de location-gérance, sans rechercher si le fonds de commerce de tissus, que Mme Gabriel soutenait avoir créé, existait lors de la conclusion du contrat, a privé sa décision de base légale sous le rapport de l'art. 1er de la loi n° 56-277 du 20 mars 1956 et de l'art. 1er du décret n° 53-960 du 30 sept. 1953 ; et alors, d'autre part, que les personnes physiques ou morales qui consentent un contrat de location-gérance doivent avoir exploité pendant deux années au moins le fonds de commerce mis en gérance ; que la cour d'appel énonce que Mme Gabriel ne justifie pas que les conditions de la mise

en location-gérance ne seraient pas réunies ; qu'elle constate que Mme Feigelonne indique que le fonds de commerce, loué à Mme Gabriel le 31 janv. 1982, a été récupéré de précédents preneurs en 1960 et a été normalement exploité jusqu'à sa fermeture temporaire courant en 1961, ce dont il résulte que le bailleur n'exploitait pas le fonds depuis deux ans ; qu'elle a ainsi violé l'art. 4 de la loi du 20 mars 1956 ;

Mais attendu, d'une part, qu'ayant, par motifs propres et adoptés, relevé que le contrat conclu le 31 janv. 1962 portait expressément sur la clientèle, l'achalandage, le nom commercial du fonds et qu'il avait été exécuté comme tel par les parties pendant plus de vingt-cinq ans, la cour d'appel a décidé qu'il appartenait à Mme Gabriel, qui contestait la réalité des mentions figurant dans la convention litigieuse, de rapporter la preuve de ses affirmations ; qu'elle n'avait pas, dès lors, à effectuer une recherche à seule fin de suppléer la carence d'une partie dans l'administration de la preuve ;

Attendu, d'autre part, que, si le propriétaire d'un fonds de commerce ne peut donner celui-ci en location-gérance sans l'avoir préalablement exploité au moins pendant deux ans, il n'est pas nécessaire que cette période précède immédiatement le contrat par lequel est concédé le fonds ; d'où il suit que le moyen n'est fondé en aucune de ses branches ;

Sur les demandes d'indemnités respectivement formées par Mme Gabriel et par Mme Feigelonne au titre de l'art. 700 NCPC : – Attendu qu'il n'y a pas lieu d'accueillir ces demandes ;

Par ces motifs, rejette.

Documents autorisés : Codes civil et de commerce.

Durée de l'épreuve : 3 heures

Cet arrêt a été publié au Recueil Dalloz-Sirey avec une note de Michel-Frédéric Coutant (D. 1995.489).

CORRIGÉ

L'arrêt proposé va nous permettre d'étudier le principal critère de distinction entre le bail commercial et la location-gérance de fonds de commerce ainsi que l'une des conditions de validité de cette dernière.

Une convention, qualifiée de contrat de location-gérance, avait été conclue le 30 janvier 1962 entre Madame Feigelonne, propriétaire du fonds de commerce et bailleresse et Madame Gabriel, locataire-gérante. Ce fonds de commerce de vente de tissus avait été précédemment exploité par Madame Feigelonne de 1960 à courant 1961. C'est dire que de cette dernière date au 30 janvier

1962, il n'avait pas été exploité. Nous verrons que ce point est important. Par un acte du 1er juin 1987, Madame Feigelonne donne congé à Madame Gabriel. L'arrêt ne rapporte pas le motif de la résiliation, pour autant qu'il y en ait eu un précisément invoqué. Madame Gabriel, la locataire-gérante, conteste alors la nature juridique du contrat passé en 1962. Elle prétend que la location constituait un bail commercial et non une location-gérance de fonds de commerce, refuse de partir volontairement et se voit assignée afin d'être expulsée de force. La Cour d'appel de Basse-Terre, tout comme la juridiction du premier degré, déboute Madame Gabriel. Un pourvoi est formé par celle-ci.

La demanderesse souhaite pouvoir continuer d'exercer son activité commerciale dans les lieux où elle se trouve depuis le 30 janvier 1962. A cette fin elle prétend, à titre principal, que la convention passée à l'époque ne constitue pas un contrat de location-gérance de fonds de commerce mais un bail d'immeuble à usage commercial. Deux textes fort différents sont applicables à chacune de ces deux situations. La location-gérance de fonds de commerce est régie par une loi, souple, du 20 mars 1956, le bail commercial est soumis au fort rigide décret du 30 septembre 1953. Le preneur est beaucoup mieux protégé par ce dernier texte qu'il ne l'est par le premier. Il bénéficie en effet d'un quasi-droit de renouvellement du bail. A tout le moins, en cas d'expulsion, il peut le plus souvent prétendre à une substantielle indemnité d'éviction, ici également réclamée par Madame Gabriel.

Subsidiairement, c'est-à-dire dans l'hypothèse où sa prétention principale ne serait pas accueillie, la demanderesse en cassation souhaite voir annuler le contrat de location-gérance au motif que la bailleresse ne justifie pas avoir exploité pendant deux ans le fonds donné en gérance au mépris de l'exigence formulée par l'article 4 de la loi du 20 mars 1956.

Madame Gabriel reproche également à l'arrêt attaqué de lui avoir fait supporter la charge de la preuve de l'absence de concordance entre la qualification du contrat et la réalité des faits.

De tout cela découlent trois problèmes de droit : le premier tout à fait fondamental, les deux autres relativement moins importants. La première difficulté consiste à qualifier la convention à partir de son objet. S'agit-il d'un contrat de bail commercial ou de location-gérance ? L'objet loué est-il un bâtiment à usage commercial ou un fonds de commerce ? Après avoir adopté la seconde solution il conviendra d'étudier la régularité de la convention au regard de l'article 4 de la loi du 20 mars 1956 en se demandant si la durée de deux ans d'exploitation exigée du loueur avant qu'il ne donne son fonds en location doit précéder immédiatement la conclusion du contrat. Enfin nous nous demanderons, plus brièvement, à qui incombe la preuve de l'absence de concordance entre la qualification du contrat et la réalité des faits.

Nous étudierons tout d'abord la qualification de la convention (I) et ensuite les problèmes de validité du contrat de location-gérance et de preuve (II).

I – LA QUALIFICATION DE LA CONVENTION

Bail commercial ou location-gérance ? Il est permis en l'espèce d'hésiter entre ces qualifications. Les deux situations sont fort différemment réglementées et octroient des droits notablement différents à chacun des cocontractants. C'est dire l'importance des enjeux (A) et de l'étude de l'élément discriminant, à savoir la clientèle qui se trouve donc au centre du débat (B).

A) Les enjeux de la qualification

Madame Gabriel prétend faire requalifier une convention ostensiblement nommée location-gérance de fonds de commerce en contrat de bail commercial.

Le bail commercial est une convention ayant pour objet un immeuble, très généralement bâti, dans lequel un fonds est exploité par le locataire. Il porte donc sur un immeuble et non sur un fonds de commerce. Il est régi par le décret du 30 septembre 1953 portant statut des baux commerciaux et donnant au locataire droit à ce qui est fréquemment appelé la propriété commerciale. L'expression est fausse juridiquement car le locataire ne dispose que d'un droit de créance à l'encontre de son bailleur et non d'un droit réel sur l'immeuble loué mais elle est imagée car elle permet de bien décrire l'importance des prérogatives accordées au locataire. L'implantation du commerce et donc sa clientèle – voilà déjà le mot fondamental – est protégée. Madame Gabriel ne souhaite pas se voir expulser. Elle risquerait alors de perdre ses clients qui doivent, en fait, être attirés non seulement par la qualité de ses produits mais également par la situation de son commerce.

La location-gérance de fonds de commerce est réglementée par une loi du 20 mars 1956. Il s'agit d'une convention par laquelle le propriétaire ou l'exploitant d'un fonds de commerce le donne totalement ou partiellement en location à un gérant qui l'exploite à ses risques et périls. L'objet du contrat est le fonds de commerce et non l'immeuble. Il s'agit donc de la location d'un meuble incorporel. Ce bail présente quelques originalités en raison de l'exploitation par le locataire du bien loué, c'est l'aspect gérance. Le principe de la liberté contractuelle gouverne très largement la réglementation de cette convention alors même qu'il existe des exceptions (cf. II.A.infra). Le droit commun des obligations contractuelles s'applique dès lors qu'il n'est exclu par aucune règle spécifique.

Le contraste entre les textes de 1953 et 1956 est donc net. Le premier contient une réglementation d'ordre public protégeant le locataire de l'immeuble, le second laisse le preneur beaucoup plus démuni face au bailleur. Une bonne illustration de ces affirmations est donnée par l'espèce commentée.

Le statut des baux commerciaux octroie un quasi-droit de renouvellement de son bail au locataire. Il ne peut être expulsé qu'en présence ou bien d'un motif grave et légitime de non-renouvellement du bail ou bien d'une possibilité de reprise octroyée par le texte au propriétaire indépendamment de toute faute du locataire (cf. article 9 du décret de 1953, entre autres). A défaut de cause légitime de non-renouvellement, le bailleur doit verser au locataire une indemnité d'éviction calculée fort substantiellement, elle doit être dissuasive (cf. article 8 du décret de 1953). Rien de tel n'est prévu par la loi de 1956. Le contrat de location-gérance est soumis aux principes de droit commun gouvernant la fin des conventions à durée déterminée ou indéterminée. Ici la convention semble être à durée indéterminée. C'est dire que le droit de résiliation unilatérale, moyennant le respect d'un préavis ou contractuel ou d'usage, s'applique. Aucune indemnisation n'est due au locataire expulsé du fonds de commerce hormis en cas de résiliation fautive. Madame Gabriel ne soutient pas qu'une faute ait été commise lors de la résiliation. Elle ne peut donc obtenir aucune indemnisation de ce chef.

En revanche elle prétend qu'elle ne peut être expulsée que dans les conditions prévues par le décret de 1953 et qu'à défaut de cause justificative elle doit recevoir l'indemnité d'éviction prévue par l'article 8 dudit décret. A cette fin elle doit démontrer que la chose donnée en location est non pas un fonds de commerce mais un immeuble. Cela revient à prouver qu'elle est propriétaire du fonds de commerce car la clientèle de ce fonds est celle du preneur et non du concédant.

B) La clientèle au centre du débat

La question de la clientèle est bien au centre du débat. C'est elle qui en les unissant, transforme un ensemble d'éléments disparates en un fonds de commerce. Son « propriétaire » est le propriétaire du fonds de commerce.

Constitue-t-elle un élément du fonds de commerce, son révélateur ? En est-elle l'essence ? Peu importe la réponse précise apportée à ces interrogations, tout au moins pour notre affaire, à partir du moment où sa présence est nécessaire. Elle peut être brièvement définie comme l'ensemble des consommateurs d'un producteur, d'un distributeur ou d'un prestataire de services. Elle ne peut pas exister à l'état isolé et doit toujours être attachée à un autre élément, meuble corporel ou incorporel.

Nous utilisons l'expression habituelle mais fausse de « propriété » de la clientèle. L'expression est erronée car il est évident qu'un ensemble de personnes, un volant d'affaires – un chiffre d'affaires ? – n'est pas susceptible d'appropriation au sens juridique.

Comme nous l'avons déjà indiqué il s'agit ici de préciser l'objet du contrat de bail. S'agit-il de l'immeuble, le contrat est un bail commercial. S'agit-il du fonds de commerce de tissus, la qualification correcte est alors celle de location-gérance. Et pour déterminer la correcte qualification, il convient de déterminer le « propriétaire » de la clientèle. Le « propriétaire » de cette dernière (avec guillemets) est propriétaire du fonds de commerce (sans guillemets).

Madame Gabriel soutient qu'à l'origine de la convention, et alors qu'il n'y avait eu aucune contestation sur ce point pendant 25 ans, il n'y avait pas de clientèle pour la vente de tissus donc pas de fonds de commerce, propriété de Madame Feigelonne. La clientèle, donc le fonds de commerce, n'existant pas le 30 janvier 1962 ne pouvait logiquement pas avoir été donnée en location-gérance. La seule chose susceptible de faire l'objet d'un bail était alors l'immeuble ; ce qui aboutit logiquement à la qualification de bail commercial.

Bien que l'arrêt n'apporte pas de précisions sur ce point, il est possible de supposer que Madame Gabriel a soutenu devant les juges du fond qu'elle avait elle-même attiré la clientèle. Il s'agit évidemment d'une question de fait. La Cour de cassation ne contrôle alors que la correcte motivation de l'arrêt d'appel. Il est également possible d'induire des faits connus que Madame Feigelonne était non seulement propriétaire du fonds mais également des murs.

En résumé, selon Madame Gabriel, l'objet du contrat était un immeuble car elle avait créé elle-même la clientèle. Cette clientèle certaine et personnelle lui donne bien la propriété du fonds de commerce. Le raisonnement cohérent juridiquement se heurta à un problème de preuve.

Les faits n'étaient pourtant pas systématiquement défavorables à Madame Gabriel. En effet, le fonds avait cessé d'être exploité de courant 1961 (expression fort vague) au 30 janvier 1962. Or l'on sait qu'un fonds de commerce ne conserve sa nature propre qu'à la condition d'être exploité. Un fonds de commerce sans clientèle n'est pas concevable. Ce n'est qu'un ensemble d'éléments disparates. La disparition de la clientèle entraîne la celle du fonds lui-même. La clientèle est le ciment qui liant meubles corporels et incorporels les transforme en fonds de commerce.

En réalité tout va dépendre de la durée de la suspension d'exploitation. De brève durée elle n'entraîne pas la disparition de la clientèle. Mais qu'est-ce qu'une brève durée ? Il s'agit d'une question de fait. La dimension de l'entreprise, la notoriété du nom, de la marque, des produits vendus sont des éléments qui, parmi d'autres, permettent d'évaluer la durée au-delà de laquelle le fonds disparaît ; de quelques mois à un an. C'est le type même de la question de fait. En l'espèce l'interruption d'exploitation n'a pas été jugée d'une durée telle qu'elle ait entraîné la dispersion de la clientèle donc la disparition du fonds de commerce.

Les juges du fond et de cassation n'ont pas été convaincus par les arguments de Madame Gabriel et ont décidé que l'objet de la location était bien un fonds de commerce, ce qui permet la qualification de location-gérance. Encore faut-il que le contrat de location-gérance soit valablement conclu ; ce que conteste Madame Gabriel.

II - LA VALIDITÉ DU CONTRAT DE LOCATION-GÉRANCE ET LES PROBLÈMES DE PREUVE

Nous étudierons successivement ces deux questions, validité de la convention (A) et preuve (B). Moins fondamentales que la première d'un point de vue théorique, elles n'en présentent pas moins une importance pratique certaine. L'acceptation des raisonnements de la demanderesse aurait permis d'aboutir à la cassation de l'arrêt d'appel.

A) La validité du contrat de location-gérance

L'article 4 de la loi du 20 mars 1956 exige que les bailleurs concédant « une location-gérance doivent avoir été commerçants ou artisans pendant sept années ou avoir exercé pendant une durée équivalente les fonctions de gérant ou de directeur commercial ou technique et avoir exploité pendant deux années au moins le fonds ou l'établissement artisanal pris en gérance ». Ces deux conditions de propriété et d'exploitation antérieures ont pour but d'éviter des opérations spéculatives consistant dans l'achat pour louer de fonds de commerce par des personnes n'ayant pas du tout l'intention de se lancer dans une activité commerciale directe. Le risque n'est pas théorique dans la mesure où un seul élément peut être qualifié de fonds de commerce à la condition, fondamentale il est vrai, qu'il soit susceptible d'attirer une clientèle.

En l'espèce seule la présence de la condition de deux ans d'exploitation personnelle est contestée par Madame Gabriel. Elle espère ainsi faire tomber le contrat car la sanction de l'irrespect de cette condition est la nullité. Il s'agit d'une nullité absolue car le but de la règle violée est de protéger l'intérêt général, en l'occurrence éviter la spéculation sur les fonds de commerce, donc une hausse des prix. La nullité de l'acte peut être demandée par chacune des parties, ne peut être couverte par une confirmation et est invocable pendant 30 ans.

Madame Gabriel soutient que cette période d'exploitation ne précédait pas immédiatement la conclusion du contrat de location-gérance et ne pouvait dont pas être prise en compte. La Cour de cassation ne retient pas ce raisonnement et énonce que la période d'exploitation de deux ans n'a pas à précéder immédiatement la conclusion du contrat. La solution inverse aurait entraîner l'édiction d'une condition non fixée par la loi. En outre l'intention du législateur est ainsi parfaitement respectée : il suffit que les deux années d'exploitation personnelle existent afin d'éviter le risque de spéculation.

Il nous reste à examiner le problème de preuve.

B) Le problème de preuve

Pendant 25 ans la convention passée entre Madame Gabriel et Madame Feigelonne avait été traitée comme un contrat de location-gérance. La demanderesse souhaite faire requalifier la situation en contrat de bail commercial. C'est toujours possible selon l'article 1156 du Code civil aux termes duquel « on doit dans les conventions rechercher quelle a été la commune intention des parties contractantes, plutôt que de s'arrêter au sens littéral des termes ». Néanmoins la tâche était particulièrement difficile en l'espèce car il y a une forte présomption de fait qu'une qualification non contestée pendant 25 ans corresponde à la réalité. L'acceptation tacite de la nature de location-gérance par une exécution sans protestation du contrat pendant 25 ans nous semble établir l'exactitude de la qualification.

Toutefois, en principe, rien ne pouvait s'opposer à ce que Madame Gabriel ait souhaité établir le caractère erroné d'une telle nature. Elle supporte alors la charge de la preuve en tant que demanderesse souhaitant détruire une apparence (article 1315 du Code civil).

Quels moyens aurait-elle dû utiliser ? Du texte de l'arrêt il ressort que la contrat était écrit. Or il n'est possible de prouver contre et outre le contenu d'un écrit que par un autre écrit (article 1341 du Code civil). En outre le bailleur d'un local à usage commercial ou celui d'un fonds de commerce ne sont pas commerçants en tant que tel et il n'est donc pas possible d'invoquer à leur encontre le principe de la liberté de la preuve en matière commerciale. Néanmoins Madame Gabriel aurait pu se prévaloir du principe de la liberté de la preuve en invoquant la fraude au statut des baux commerciaux ; la fraude peut, en effet, se prouver par tout moyen.

Mais nous avons vu que le contrat passé en 1962 était réellement un contrat de location-gérance de fonds de commerce et non un bail commercial.

UNIVERSITÉ DE MONTPELLIER I

Session de mai 1996

Professeur ayant donné le sujet et établi le corrigé :
M. M. Cabrillac

PROGRAMME

Les structures de l'entreprise commerciale ; droit des sociétés.

SUJET

ÉPREUVE PRATIQUE

Répondez, dans l'ordre de votre convenance, à chacune des quatre questions suivantes.

La question n° 1 sera côtée sur 6.

La question n° 2 sera côtée sur 7.

La question n° 3 sera côtée sur 4.

La question n° 4 sera côtée sur 3.

Documents autorisés : tous les codes ; calculette.

Question n° 1

La S.A.R.L. CLAPAS SLEEPING, qui a pour objet social la fabrication de matelas (et « toutes opérations commerciales ou financières se rapportant directement ou indirectement au dit objet », selon l'article 2 de ses statuts), est une P.M.E. ancienne et prospère.

Elle est dirigée par Mlle Somnaulance, gérant unique et statutaire. Les 100 parts de la Sté sont réparties ainsi : Mlle Somnolance : 45 ; M. Paresse, son neveu (héritier présomptif qui lui est dévoué) : 10 ; M. Renard : 30 ; Mlle Cigogne : 15.

En mars 1995, sur les suggestions d'un ami, Mlle Somnaulance conclut, au nom de la Sté, un contrat d'achat à terme de café à la bourse du Hâvre. Elle procède à une revente fin juin avec une importante plus-valeur encaissée par la S.A.R.L.

Lors de l'assemblée annuelle, qui s'est tenue en février 1996, M. Renard remarque, dans le compte résultat, un poste « profits exceptionnels » d'un montant élevé (et qui a contribué à grossir le bénéfice dont le gérant a proposé la distribution). Il demande des expli-

cations et Melle Somnaulance lui avoue l'opération spéculative à laquelle elle s'est livrée avec bonheur.

M. Renard vient vous consulter pour vous demander s'il peut tirer parti de ce fait : 1° pour faire jouer la responsabilité civile de Mlle Somnaulance ; 2° pour obtenir en justice sa révocation. Par ailleurs, à titre purement informatif, il voudrait savoir si, au cas où l'opération sur le marché à terme du café aurait été malheureuse, la S.A.R.L. aurait pu agir contre le courtier qui avait exécuté l'ordre donné au nom de la S.A.R.L.

<u>Question n° 2</u>

La S.A. PYRAMIDES a pour objet la location d'échafaudages aux entreprises de construction.

En février 1995, M. Faraon, P.D.G. de la S.A., a loué des échafaudages à la S.A. AEDIFICANDI aux conditions et au tarif qu'elle consent ordinairement à ses meilleurs clients. La Sté AEDIFICANDI présentait un bilan satisfaisant et jouissait d'une excellente renommée sur la place. Elle avait pour P.D.G. M. Lemasson, lequel avait un poste d'administrateur au conseil d'administration de la S.A. PYRAMIDES. Ni le C.A. de cette société, ni son commissaire aux comptes n'ont été informés de cette location.

En janvier 1996, la S.A. AEDIFICANDI est « prise » dans la liquidation judiciaire du groupe Bertrand Moquette pour lequel elle avait entrepris plusieurs constructions. Elle est, à son tour, mise en liquidation judiciaire le 4 mars 1996. La Sté PYRAMIDES est alors créancière du reliquat du prix de la location, soit 500 000 F ; cette créance est totalement irrecouvrable.

En mars 1994, M. Faraon avait proposé au C.A. de libérer le terrain sur lequel la Sté déposait les échafaudages, car ce terrain venait de passer en zone constructible ; puis il avait proposé de la diviser en lots et de mettre ceux-ci à la vente. Il avait indiqué que le lot n° 8 devait être offert à un prix inférieur de 50 % à celui des autres lots, ceci parce qu'il estimait que ce lot était déprécié du fait qu'il était contigu à une petite usine bruyante. Le C.A. avait approuvé le principe de cette opération et invité M. Faraon à l'exécuter. Le 9 mai 1994, le lot n° 8 est acquis par Mlle Cléopatre au prix demandé (soit 1 000 000 F). Cette dernière épouse M. Faraon le 24 juin 1994. Durant l'été 1994, la Sarl qui exploitait la petite usine la ferme pour entreprendre une opération immobilière analogue à celle réalisée par la S.A. PYRAMIDES. En raison de ses mauvaises relations avec le gérant de la Sarl, il est exclu que M. Faraon ait été averti auparavant de la fermeture de l'usine. En janvier 1995, Mme Cléopatre a revendu le lot n° 8 au prix de 1 700 000 F.

En 1996, à la suite d'un changement de majorité, M. Ramses est élu P.D.G. de la S.A. PYRAMIDES. Il vient vous soumettre les deux conventions ci-dessus décrites et vous interroge sur les actions que la S.A. pourrait intenter à leur sujet ; répondez lui.

<u>Question n° 3</u>

La S.A. Jean Pas et Robet Depanik est une P.M.E. dont les actions sont restées entre les mains des deux fondateurs. Son capital social

est de 3 000 000 F divisé en 30 000 actions. Son actif net (ou, si l'on préfère, sa fortune) est évalué à 9 000 000 F.

Afin de réaliser un important investissement, les organes sociaux ont décidé de faire entrer dans le patrimoine social une somme de 2 200 000 F en procédant à une augmentation de capital sans renonciation des actionnaires au droit préférentiel de souscription.

Ils ont prévu de créer 10 000 actions nouvelles et de demander aux souscripteurs de verser, en plus du nominal, une prime d'émission de 120 F.

Calculez la valeur du droit préférentiel de souscription.

Question n° 4

La société « Jean Bouvard et Pierre Pecuchet », société en commandite simple au capital de 100 000 F., vient d'être mise en liquidation judiciaire. M. Bouvard a la qualité de commandité ; M. Pécuchet, qui jouit d'une grosse fortune, a la qualité de commanditaire.

M. Flaubert (qui a obtenu brillamment une maîtrise en droit en 1982), a une créance importante sur la Société, née d'une livraison qu'il lui a faite courant 1995. Il vient vous demander – car vous êtes avocat – d'intenter une action en paiement de cette créance contre M. Pecuchet, action fondée sur le fait que M. Pecuchet a laissé son nom patronymique figurer dans la dénomination de la Société.

Qu'allez-vous faire ?

CORRIGÉ

Question n° 1

En faisant cette opération hautement spéculative, le gérant de CLAPAS SLEEPING a manifestement agi en dehors de l'objet social. L'opération n'en est pas moins valable, comme le veut l'article 49, al. 5, de la loi de 1966, règle posée en vue de la sécurité des transactions et de la protection des tiers. Reste à savoir quelles conséquences peut en tirer un associé minoritaire.

1°) Sur la responsabilité civile de Mlle Saumnolance

L'opération est a priori susceptible de faire jouer la responsabilité de Mlle Saumnolance, puisque le gérant doit répondre à l'égard de la société et des associés des « violations des statuts » qu'il a pu commettre (L. de 1966, art. 52), ce qui inclut le dépassement de l'objet social. L'opération pourrait donc ouvrir à M. Renard soit une action personnelle, soit une action sociale qu'il pourrait exercer ut singuli.

Toutefois, si cette violation des statuts constitue incontestablement une faute, encore faut-il que cette faute ait causé un préjudice soit à la société, soit à M. Renard personnellement. Or, on doit constater qu'elle n'a causé aucun préjudice pécuniaire à la société et que, au contraire, elle lui a été largement bénéfique. Elle n'a par ailleurs causé aucun préjudice personnel à M. Renard, puisque le produit de l'opération a été normalement réparti entre les associés.

Le seul préjudice qu'on pourrait songer à alléguer serait un préjudice moral subi par la SARL, dont le crédit ou la réputation pourraient être affectés si le public savait qu'elle se livre à des opérations spéculatives. Ce préjudice est très discutable et bien hypothétique (l'opération demeurant normalement cachée). On doit conclure que M. Renard ne doit pas intenter une action en responsabilité contre Mlle Saumnolance.

2°) Sur la révocation du gérant

M. Renard ne peut pas espérer faire révoquer Mlle Saumnolance par l'assemblée ; il n'obtiendrait pas, en effet, la majorité simple requise en raison de la position que prendrait très probablement M. Paresse, puisque l'énoncé fait état des sentiments de celui-ci à l'égard de la gérante. Cette circonstance pose avec acuité la question d'une révocation judiciaire.

Tout associé peut demander la révocation au tribunal s'il peut faire valoir « une cause légitime » (l. de 1966, art. 55, al. 2). La violation des statuts n'est pas forcément une cause légitime, car elle peut être mineure ; mais, en l'espèce, le reproche important que l'on peut articuler à l'encontre de Mlle Saumnolance tient au caractère très spéculatif de l'opération faite en violation de l'objet social. Peu importe, sur le plan de la cause légitime, qu'elle ait été bénéfique ; elle aurait pu être désastreuse et il y a lieu de craindre que, justement parce qu'elle a été bénéfique, le gérant soit prêt à recommencer et ceci en misant des sommes plus importantes. Il y a là un danger évident pour la société qui peut être tenu pour une cause légitime. D'autre part, le comportement de Mlle Saumnolance est de nature à entraîner « la perte de confiance » des associés, ce qui constitue, selon la jurisprudence, une cause légitime. On peut donc conseiller à M. Renard l'action en révocation qui a de fortes chances d'être accueillie.

N.B. : Il n'était pas interdit au candidat d'avoir une opinion contraire pourvu qu'il la justifie par des arguments sérieux (devoir de placer les disponibilités, caractère occasionnel de l'opération notamment), le profit tiré de l'opération n'étant pas suffisant pour écarter la cause légitime en raison de son caractère hasardeux).

3°) Sur la question relative au courtier

A supposer que l'opération ait généré des pertes, une action en responsabilité contre le courtier n'aurait pas été a priori envisageable. Les tiers qui traitent avec le gérant n'ont pas à se préoccuper de l'objet social et ne sont pas responsables des conséquences du dépassement (L. de 1966, art. 49, al. 4). Il n'en va autrement que dans l'éventualité où il est établi que le cocontractant avait connaissance de l'objet social par un autre moyen que la publication des statuts. Rien dans l'énoncé ne permet de penser que le courtier avait cette connaissance et que M. Renard était à même de le démontrer.

Question n° 2

Cette question a trait aux difficultés d'application des articles 101 et s. de la loi de 1966 relatifs au régime des contrats conclus entre la S.A. et un de ses administrateurs.

1°) Sur le contrat de location d'échafaudages

M. Lemasson, P.D.G. de la société locataire, étant par ailleurs administrateur de la société loueuse, la soumission de ce contrat au régime des articles 101 et s. ne fait aucune difficulté.

Une autorisation préalable était-elle pour autant nécessaire ? La question qui se pose ici est, en effet, de savoir si ce contrat entrait dans le cadre de la dispense d'autorisation dont l'article 102 fait bénéficier « les conventions portant sur des opérations courantes et conclues à des conditions normales ». On est incontestablement en présence d'une convention courante pour la S.A. PYRAMIDES puisque celle-ci a pour objet la location d'échafaudages. Le débat se concentre donc sur le second élément de la dispense : les conditions normales.

La Sté AEDIFICANDI a bénéficié du tarif de faveur réservé au meilleur client, notion commerciale qui postule un client solvable. Or, un an après la conclusion de la location, la S.A. AEDIFICANDI s'est révélée insolvable. Toutefois, c'est au moment de la conclusion du contrat qu'il faut se placer pour apprécier la normalité de ses conditions. Or, à ce moment là, la S.A. PYRAMIDE ne pouvait pas suspecter la solvabilité de son contractant tant en raison du bilan qu'il avait présenté que de la réputation dont il jouissait. D'autre part, il faut observer que la liquidation judiciaire de la Sté AEDIFICANDI est imputée à une cause précise et postérieure, vraisemblablement imprévisible au moment de la conclusion du contrat : « la faillite » d'un de ses gros clients. Il était donc normal que la S.A. PYRAMIDE consente, en février 1995, son tarif de faveur à la Sté AEDIFICANDI. On doit donc indiquer au nouveau P.D.G. de PYRAMIDES que la dispense de l'article 102 devait s'appliquer et qu'on ne peut sérieusement envisager l'action en nullité ou l'action en dommages-intérêts qu'ouvre le défaut d'autorisation préalable.

2°) Sur le contrat de vente du lot n° 8

Cette vente n'était indubitablement pas une « convention courante » pour la S.A. PYRAMIDES ; elle devait donc être soumise à une autorisation préalable si elle était faite à un administrateur ou si un administrateur y était indirectement intéressé ou achetait par personne interposée.

La question que soulève ce contrat est donc celle de savoir si, du fait de son mariage avec l'acquéreur, M. Faraon avait un intérêt indirect ou agissait par personne interposée. La réponse affirmative serait certaine si le mariage avait été célébré avant l'acte de vente. La loi ne pose pas de présomption d'interposition de personne, comme elle le fait parfois pour d'autres règles, mais les tribunaux retiennent normalement l'interposition de personnes lorsque c'est l'époux du dirigeant social qui est le cocontractant ou à défaut retiennent l'intérêt indirect. La réponse est moins évidente dès lors que le mariage a été célébré après la passation de l'acte de vente. Cependant, entre les deux événements, il ne s'est écoulé que six semaines, il est hautement probable que le mariage ait été à l'état de projet avancé au moment de l'acte de vente, voire déjà programmé. Ceci suffit pour imputer à M. Faraon, dès ce moment, un intérêt indirect ou pour en déduire qu'il faisait cet achat par la personne interposée de sa fiancée. L'autorisation préalable du C.A. était donc nécessaire.

A-t-elle été donnée en mars 1994 ? On ne peut pas l'admettre, car si le conseil a bien autorisé la vente du lot 8 au prix de 1 000 000 F, il l'a fait sans que soit précisée la personne de l'acheteur de sorte que sa délibération ne peut pas avoir la valeur de l'autorisation requise par l'article 101.

En l'absence de cette autorisation, le contrat peut être annulé si il a eu « des conséquences dommageables pour la société », ce qui est le cas en l'espèce. Une autre sanction est également prévue : la responsabilité civile de l'« administrateur concerné ».

On peut donc conseiller à M. Ramses une action en justice dont les chances de succès seraient très sérieuses. Cependant, l'action en nullité poserait des problèmes considérables en raison de la revente du terrain ; aussi serait-il préférable qu'il intente une action en responsabilité en invoquant la perte de la chance de tirer un meilleur prix du terrain.

Question n° 3

La valeur du droit de souscription est égale à la différence entre la valeur de l'action avant l'augmentation de capital et la valeur de l'action après, ces valeurs étant naturellement des valeurs réelles et non des valeurs nominales.

Pour calculer la valeur avant l'opération, il suffit de diviser l'actif net par le nombre d'actions :

9 000 000 F : 30 000 = 300 F.

Pour calculer la valeur après, il faut ajouter à l'actif net la somme que l'augmentation de capital procurera à la société, puis diviser par le nouveau nombre d'actions :

1° : 9 000 000 + 2 200 000 = 11 200 000 F

2° : 11.200 000 : (30 000 + 10 000) = 280 F

Valeur du D.P.S. : 300 – 280 = 20 F

N.B. : Le candidat pouvait utiliser une méthode simplifiée qui permet un calcul de tête ; mais il était préférable qu'il présente ce mode de calcul à titre subsidiaire comme une vérification du résultat trouvé par la méthode normale.

Cette méthode consiste à déterminer la proportion entre actions nouvelles et actions anciennes :

$$\frac{10\,000}{30\,000} \quad \text{soit 1 pour 3}$$

Ensuite, on prend comme hypothèse un actionnaire qui a 3 actions ; on additionne donc la valeur de 3 actions avant l'opération, on ajoute la somme à verser et on divise par 4 ; le résultat correspond à la valeur de l'action nouvelle.

300 F x 3 = 900 F + 220 F = 1120 F : 4 = 280 F

Question n° 4

Il n'est pas étonnant que M. Flaubert vous fasse cette demande, car, à l'époque où il a fait ses études de droit, la société en commandite simple fonctionnait sous le régime de la raison sociale. L'appellation de la société devait être constituée du nom d'un ou de plusieurs commandités, donc d'associés indéfiniment responsables sur leurs patrimoines personnels. L'ancien article 25 de la loi de 1966 en tirait la conséquence logique : le commanditaire qui laissait son nom figurer dans la raison sociale, ce qui lui donnait l'apparence de commandité, perdait le bénéfice de son statut en vertu duquel il n'est responsable que sur son apport.

Depuis la loi du 31 décembre 1989 (qui a modifié l'article 25), la commandite simple ne fonctionne plus sous le régime de la raison sociale, mais sous celui de la dénomination sociale. Cela signifie que le nom de la société est choisi en toute liberté ; il peut comporter le nom d'un ou plusieurs associés, donc d'un commanditaire qui ne s'expose plus à perdre de ce fait le bénéfice de son statut qui le met à l'abri du passif social. Ce changement s'explique par le désir du législateur de permettre l'utilisation de certains patronymes qui ont un pouvoir d'attraction sur la clientèle. Il a estimé que la protection des tiers était suffisamment assurée par la mention « société en commandite simple » qui doit obligatoirement suivre la dénomination sociale.

Il convient donc de faire savoir à M. Flaubert qu'il serait vain d'intenter une action contre M. Pecuchet sur la base qu'il indique.

UNIVERSITÉ DE NANCY II

Examen partiel de février 1996

Professeur ayant donné le sujet et établi le corrigé :
M. Y. Dereu

PROGRAMME

Droit commun des sociétés ; sociétés civiles ; sociétés commerciales de personnes ; S.A.R.L. et E.U.R.L. ; sociétés sans personnalité juridique.

SUJET

CAS PRATIQUE

M. Hervé Aine vient aujourd'hui vous consulter et vous expose en détails tous ses ennuis.

I) Le 2 novembre 1994, il a racheté à son ami Ralle ses parts de la société en nom collectif « Infonet » dont l'objet est la maintenance informatique. Le groupement, qui était jusqu'au 26 juin 1993 une S.A.R.L., avait été régulièrement constitué en 1990 avec 4 associés, ceux-ci, à l'origine comme dans la S.N.C., détenant une même fraction du capital social. La gérance avait été confiée par les statuts à l'un des associés, M. Tristan Volle, originaire de Roissy.

M. Aine, qui était entré dans la société surtout pour rendre service à son ami Ralle qui déménageait à Toulon non sans avoir tiré d'intéressants bénéfices du groupement, est aujourd'hui particulièrement irrité : il vient en effet de recevoir, de la part de l'associé Lézot, originaire de Vittel, une demande de contribution à une part non négligeable du montant de factures, en date des 6 février et 9 avril 1993, de cours de pilotage d'avion, commandés au nom de la société par le gérant Volle.

M. Aine est par ailleurs en mesure de vous fournir les indications suivantes :

– Dans les statuts de la S.N.C. que lui a montrés son cédant M. Ralle figure une clause ainsi rédigée :

« Contribution des associés aux pertes sociales :

M. Tristan Volle : 2,5 %

M. Nic Ralle : 2,5 %

M. Pierre Hassek : 2,5 %

M. Gaétan Lézot : 92,5 % »

– M. Aine sait aussi que M. Hassek est insolvable et que la S.N.C. a octroyé des parts non représentatives de capital à M. Gentil qui lui rend des services.

Question : Vous analyserez de façon précise et exhaustive la situation de M. Aine.

II) Depuis le 3 février 1995, la S.N.C. « Infonet », désirant avoir de nouveaux locaux pour son siège social, a acquis d'un certain M. Dupont, originaire d'Avignon, des parts d'une société civile de gestion immobilière « SOCKIM ». Les autres associés de cette société civile, régulièrement constituée en avril 1993, sont la société en commandite simple « Hard U Discount » qui en assure la gérance, et l'E.U.R.L. « Solo ».

La société civile ayant conclu le 5 janvier 1995 un marché de travaux avec l'entreprise « BÂTITOU », les trois associés de la société gérante ont signé l'acte au nom de la société SOCKIM, sans hésiter et sans se soucier de la clause des statuts de la société civile faisant obligation au gérant d'obtenir renonciation du créancier à poursuivre personnellement les associés. Un acompte de 10 % fut versé ce jour-là à l'entrepreneur. Les travaux ayant été effectués au printemps 1995, l'entrepreneur a adressé quelques mois plus tard à la société civile des factures qui n'ont pas été réglées. Le 24 janvier 1996, il a mis la S.N.C. « Infonet » en demeure de les acquitter.

Celle-ci n'allant sans doute pas les payer, M. Aine est inquiet, s'attend d'un jour à l'autre à être poursuivi par l'entrepreneur, d'autant qu'à sa connaissance, les deux commandités gérants de la S.C.S. sont insolvables et que le gérant non associé de l'E.U.R.L. « Solo » est de solvabilité douteuse.

Questions :

A) Analysez la situation de M. Aine vis-à-vis de l'entreprise BÂTITOU.

B) Dans l'hypothèse où M. Aine aura acquitté une certaine somme à l'entreprise BÂTITOU, étudiez ses différentes possibilités de recours.

L'usage des codes est autorisé.

La durée de l'épreuve est de trois heures.

CORRIGÉ

1re question

I – ANALYSE DE LA SITUATION DE M. AINE

M. Aine fait l'objet d'une demande de contribution à une dette née antérieurement à son entrée dans la société (factures des 6 février et 9 avril 1993).

Plusieurs questions se posent ici :

A. Etait-il obligé à la dette ?

B. Dans l'affirmative, quelle sera sa part contributive ?

C. Aura-t-il des recours après paiement ?

A) Obligation à la dette

Les factures sont du début 1993, époque où le groupement était encore une S.A.R.L., alors que M. Aine n'est entré que le 2 novembre 1994 dans la S.N.C.

Pour qu'il soit tenu de cette dette, il faut :

1°) que celle-ci ait eu un caractère social vis-à-vis de la S.A.R.L. ;

2°) que le passif ait été transmis à la S.N.C. et à ses associés ;

3°) que M. Aine soit engagé par ce passif antérieur de la S.N.C.

1°) Caractère social de la dette pour la S.A.R.L.

Les cours de pilotage d'avion constituent un engagement contracté par le gérant au nom de la société. En vertu de l'article 49, alinéa 5, de la loi du 24 juillet 1966, de tels actes engagent a priori la société.

Cependant, celle-ci aurait pu se défendre en soutenant que l'acte ne relevait pas de l'objet social et que le tiers ne pouvait l'ignorer.

En réalité, si l'acte, qui paraît avoir servi à l'usage personnel du gérant, n'appartenait sans doute pas à l'objet social, le tiers pouvait penser que les cours de pilotage étaient utiles à la société, rendant plus aisée la réalisation des missions (extérieures, voire lointaines) du gérant.

Par conséquent, même si sur ce point une discussion est possible, l'acte paraît bien avoir engagé la S.A.R.L. (V. d'ailleurs sur cette affaire : C.A. Paris 5e ch. sect. B, 15 juin 1995 : Bull. Joly 1995, 984, note Couret).

2°) Transmission du passif à la S.N.C. et à ses associés

La transformation de la S.A.R.L. en S.N.C. entraîne logiquement la transmission du passif non encore acquitté par la S.A.R.L. à la S.N.C.

La dette étant sociale est devenue dette de la S.N.C. et de ses associés indéfiniment et solidairement responsables.

3°) M. Aine est-il tenu de ce passif né antérieurement à son entrée dans la S.N.C. ?

M. Aine n'est entré que le 2 novembre 1994 ; mais, en tant que cessionnaire de parts de S.N.C., il est tenu envers les tiers du passif antérieur à son entrée (il est censé avoir connu et accepté ce passif). L'article 10 de la loi du 24 juillet 1966 ne distingue du reste pas entre passif antérieur et passif postérieur.

Pour conclure ce A, M. Aine est bien obligé à la dette au même titre que M. Volle, M. Rolle probablement, M. Hassek, M. Lézot et M. Gentil, apporteur en industrie.

B) Part contributive de M. Aine

Dans les statuts figure une clause de contribution aux pertes sociales. Il faut a priori appliquer cette clause à la contribution aux dettes sociales.

En principe, M. Aine remplaçant M. Rolle, devrait contribuer pour une très faible part (moins de 2,5 % du fait de la présence d'un apporteur en industrie). Mais M. Lézot peut à juste titre considérer (et au besoin faire juger) que la clause de contribution aux pertes est léonine (C. civ., art. 1844-1, al. 2). En effet, alors que les apports sont identiques, la contribution de l'un est de 92,5 % alors qu'elle n'est que de 2,5 % pour les autres. De plus, il est dit que M. Rolle, qui contribuait très peu, avait tiré d'intéressants bénéfices du groupement.

La clause étant léonine, on revient à la règle supplétive de l'article 1844-1, alinéa 1er du Code civil : contribution proportionnelle aux apports. C'est pourquoi M. Lézot réclame à M. Aine « une part non négligeable du montant des factures ».

Cette part devrait être de 20 % (5 associés, M. Aine ayant pris la place de M. Rolle et M. Gentil contribuant comme le plus petit des apporteurs en capitaux). M. Hassek étant insolvable, la part contributive de M. Aine sera de 25 %.

C) Recours possibles de M. Aine

1°) Dans l'acte de cession passé entre M. Rolle et M. Aine a dû être prévue une clause de garantie de passif.

M. Aine peut donc faire supporter à M. Rolle sa part contributive.

2°) Par ailleurs, le gérant Volle engage sans doute sa responsabilité envers la société et éventuellement les associés, car il a :

– dépassé l'objet social

– et commis un abus de dénomination sociale.

Il engage :

– sa responsabilité civile : l'action est peut-être prescrite (prescription de trois ans) ; sa révocation peut être prononcée.

– sa responsabilité pénale : on pourrait envisager de le poursuivre pour abus de biens sociaux.

2e question (II)

A) Analyse de la situation de M. Aine vis-à-vis de l'entreprise BÂTITOU

M. Aine est associé d'une société qui est devenue elle-même associée de la société civile après la signature du contrat d'entreprise avec BÂTITOU.

Pour connaître la situation de M. Aine, il convient de procéder en deux étapes :

1°) a. La S.N.C. est-elle tenue ?

b. Dans l'affirmative, pour quelle part ?

2°) a. M. Aine est-il tenu ?

b. Dans l'affirmative, pour quelle part ?

1°) a. La S.N.C. est-elle tenue ?

Trois conditions sont à remplir pour qu'elle soit tenue :

• **1re condition : que la responsabilité des associés de la société civile puisse être mise en œuvre**

Il s'agit d'une société civile de droit commun (régie par les articles 1845 et s. C. civ.). Ces conditions de mise en œuvre sont les suivantes :

– une dette à caractère social : c'est le cas des travaux commandés par la société civile ;

– des poursuites préalables et vaines contre le groupement (C. civ., art. 1858).

Ont-elles eu lieu ? Nous n'en savons rien, mais cela apparaît peu probable.

Si elles n'ont pas eu lieu, aucune action n'est possible contre les associés ; si tel fut le cas, une action est alors possible.

• **2e condition : que le créancier n'ait pas renoncé à poursuivre personnellement les associés**

Ce n'est pas le cas en l'espèce puisque la clause statutaire prévoyant cette renonciation n'a pas été rappelée dans l'acte passé avec l'entrepreneur.

La clause est sans effet à l'égard du créancier.

• **3e condition : que la S.N.C. soit au nombre des associés que le créancier peut poursuivre**

En fait, lorsque le contrat d'entreprise a été signé, la S.N.C. ne faisait pas partie de la société civile (elle n'y est entrée que le 3 février 1995), mais les travaux ont eu lieu au printemps 1995 et les factures ont été adressées à la suite de ceux-ci : elles doivent, selon l'article 1857 du Code civil, être acquittées par les associés présents au jour de leur échéance, c'est-à-dire par l'E.U.R.L., la S.C.S. et la S.N.C. Infonet, M. Dupont n'étant plus quant à lui concerné.

b. A quelle part la S.N.C. est-elle tenue envers BÂTITOU ?

Conformément à l'article 1857 du Code civil, le créancier d'une société civile de droit commun doit diviser ses recours et poursuivre les associés en proportion de leurs apports. Il doit agir à la fois :

– contre l'E.U.R.L. : c'est elle qui doit payer ; le fait que son gérant non associé soit de solvabilité douteuse est sans aucune incidence.

– contre la S.C.S. : ici encore, c'est le groupement qui doit payer. A défaut, les deux commandités sont tenus, mais ils sont insolvables. Le créancier pourrait alors agir contre le commanditaire qui a signé l'acte en s'immiscant par conséquent dans la gestion externe (il sera responsable vis-à-vis du tiers comme une commandité : article 28 de la loi du 24 juillet 1966).

– contre la S.N.C. : c'est elle qui doit payer.

En résumé, la S.N.C. sera tenue s'il y a eu poursuites préalables et vaines contre la société civile. Elle ne devra payer alors qu'une part de la dette proportionnelle à ses apports.

2°) a. M. Aine est-il tenu ?

Associé d'une S.N.C., il ne sera tenu que si la société ne paye pas. Le créancier ne peut le poursuivre qu'après avoir préalablement et vainement mis en demeure le groupement par acte extrajudiciaire (L. 24 juillet 1966, art. 10). Il faut attendre, selon l'article 15 du décret du 23 mars 1967, l'expiration d'un délai de huit jours pour que la mise en demeure soit considérée comme infructueuse et que l'on puisse agir contre les associés.

b. A quelle part peut être tenu M. Aine ?

Si la société ne paie pas, M. Aine est tenu comme associé indéfiniment et solidairement responsable.

Il peut donc être attaqué pour la totalité de la part due par la S.N.C., ce qui n'est pas la totalité de la dette.

En résumé, M. Aine sera tenu si l'entreprise BÂTITOU a préalablement et vainement poursuivi la société civile, et préalablement et vainement mis en demeure la S.N.C. par acte extrajudiciaire. Il ne sera pas tenu de la totalité du montant des factures, mais de la totalité de la part due par la S.N.C.

B) Différents recours possibles de M. Aine

1°) Recours contre les autres associés de la S.N.C.

a. Recours contributoire contre les autres associés de la S.N.C., les trois autres associés solvables supportant également 25 % de la dette.

b. M. Aine pourrait par ailleurs faire jouer une éventuelle **clause de garantie de passif** consentie par le cédant M. Dupont à la S.N.C.

Mais en réalité, si le contrat d'entreprise est antérieur à la cession, les travaux sont postérieurs. Il est donc peu probable que M. Dupont ait pris à sa charge ce passif.

c. M. Aine pourrait songer à mettre en cause **la responsabilité du gérant de la S.N.C.** qui aurait commis une faute en achetant des parts de société civile (ce qui ne relèverait pas de ses attributions). En réalité, une telle action serait vouée à l'échec, car l'acte entre bien dans l'objet social.

2°) Recours contributoire éventuel contre les autres associés de la société civile si leur part contributive était supérieure à leur part d'obligation à la dette.

3°) Action en responsabilité contre le gérant de la société civile qui n'a pas obtenu la renonciation du créancier à poursuivre personnellement les associés et n'a même pas tenté de l'obtenir.

C'est une action en responsabilité civile qui se prescrit par trois ans. Le gérant fautif peut être révoqué. Le fondement de l'action est la violation des statuts (ou la faute de gestion).

Si le gérant qui est la S.C.S. ne paie pas, il est possible d'agir solidairement contre ses dirigeants (qui ont la même responsabilité : art. 1847 C. civ).

Ici, les deux dirigeants sont les commandités, mais ils sont insolvables. Il y aura alors possibilité d'agir contre le commanditaire qui s'est immiscé dans la gestion et s'est comporté comme gérant de fait (art. 28 Loi 24 juill. 1966 et art. 1847 C. civ.).

UNIVERSITÉ DE NANTES

Première session – juin 1996

Professeur ayant donné le sujet et établi le corrigé :
Mme F. Le Fichant

PROGRAMME

Droit commercial des affaires ; les actes de commerce ; le commerçant, son activité et son statut, le fonds de commerce et les baux commerciaux.

SUJET

CONSULTATIONS ET UNE QUESTION DE COURS

Documents autorisés : Code de commerce, Code civil.

Vous traiterez l'ensemble des questions posées.

1 – Les baux concernant l'exploitation d'un fonds de commerce, d'une durée réduite, sont-ils soumis au statut des baux commerciaux ? (2 points)

2 – Monsieur I. Pocrate, médecin à Nantes, achète un électrocardiographe à la société « Médishop ». En lisant la facture de son achat, il découvre un paragraphe intitulé « conditions de vente » dans lequel une clause prévoit qu'en cas de litige portant sur le contrat, le tribunal de commerce de Lyon sera compétent.
M. I. Pocrate vous interroge sur la validité d'une telle clause (1,5 points)

3 – Une Association « Celtix », soumise au régime de la loi du 1er Juillet 1901, s'est donnée pour but de promouvoir la culture celte, en vendant différents articles d'inspiration celtique. Pour développer cette activité, l'association est locataire d'un local appartenant à M. Le Barde.
A l'expiration de son bail, l'association, estimant réaliser une activité commerciale, réclame le renouvellement de ce bail à M. Le Barde, sur le fondement du décret du 30 septembre 1953.
Cette requête vous parait-elle justifiée ? (3,5 points)

4 – Monsieur A. BUS, exploitant d'un café souhaiterait adjoindre à son commerce une friterie pour répondre à l'attente de sa clientèle. Le 5 Août 1995, il en informe le propriétaire des locaux. Le 25 Août, il entreprend les quelques travaux nécessaires et débute cette nouvelle activité au 1er septembre 1995.
Quelles remarques ce comportement appelle-t-il ? (3 points)

CORRIGÉ

L'exercice réalise un mélange d'exigences : à une « question de cours » classique s'ajoutent trois petits cas pratiques, où l'étudiant devra faire preuve de sa maîtrise de la matière en l'appliquant à une situation concrète. Le délai de composition étant bref, la réponse devra être concise.

1 – Le décret du 30 septembre 1953 a eu pour objet d'instaurer une certaine stabilité aux exploitations commerciales. Les baux commerciaux doivent ainsi être conclu pour une durée minimale de neuf années.
En conséquences, les baux d'une durée réduite, même s'ils permettent de réaliser une activité commerciale, ne se verront pas appliquer les dispositions des baux commerciaux.

Il existe plusieurs sortes de baux d'une durée réduite.

– La convention d'occupation précaire est un contrat par lequel une personne met un local à la disposition d'une autre, mais d'une façon précaire et révocable, acceptée dès le début par les parties. Il ne faut pas qu'il y ait volonté frauduleuse d'échapper aux dispositions du décret de 1953. Le recours à cette convention d'occupation précaire sera justifié, si par exemple la vente prochaine du local ou son expropriation est envisagée.

– Les baux de courte durée.
Ce sont des baux de moins de 2 ans que les parties ont entendu soustraire à l'application du décret de 1953. il n'y a pas ici de précarité mais une limitation de durée, clairement exprimée par les parties. Si le locataire se maintient dans les lieux au-delà du terme prévu et sans opposition du bailleur, un nouveau contrat de bail naîtra qui sera alors soumis aux dispositions du décret de 1953 (sauf renonciation du locataire).

– Par un contrat de location saisonnière, le locataire dispose de la jouissance d'un local pendant une saison estivale ou hivernale. Il faut bien distinguer ici la location saisonnière de l'exploitation saisonnière. Lorsque le locataire peut avoir libre accès aux locaux même en dehors de la saison, on pourra retenir davantage la qualification d'exploitation saisonnière d'un fonds de commerce. Le statut des baux commerciaux sera alors susceptible de s'appliquer. En revanche, s'il s'agit bien d'une simple location saisonnière, le décret de 1953 n'y sera pas appliqué.

2 – M. I. Pocrate est médecin, donc membre d'une profession libérale. A ce titre, il ne peut disposer de la qualification de commerçant. Le contrat le liant à « Médishop », société commerciale, est par conséquent un acte mixte.
On peut constater que la clause remarquée par le médecin contient en fait deux choses : une clause de compétence matérielle et une clause de compétence territoriale.

La validité de la clause de compétence matérielle dépendra de la personne du défendeur. Si celui-ci est la société commerciale, le médecin pourra au choix porter le litige devant le tribunal de commerce ou devant une juridiction civile.

Mais la clause contient aussi une attribution de compétence territoriale. Le principe général de compétence veut que le tribunal saisi soit celui du domicile du défendeur. Cette clause modifie donc la compétence territoriale normale. En vertu de l'article 48 du NCPC, une telle clause sera réputée non écrite lorsque les parties ne sont pas toutes commerçantes, ce qui entraînera vraisemblablement la disparition de la clause de compétence matérielle (mais controverse jurisprudentielle sur ce point).

Si un conflit naît relativement à l'exécution du contrat, M. Pocrate n'aura donc pas à tenir compte de cette clause.

3 – L'association prétend au renouvellement d'un bail qu'elle entend voir considérer comme bail commercial. Il va donc falloir s'interroger sur la capacité des associations à réaliser des actes de commerce et à acquérir la qualité de commerçant, celle-ci lui permettant de bénéficier du statut des baux commerciaux mis en place par le décret du 30 septembre 1953.

De la définition de l'association telle qu'elle est donnée par la loi de 1901, il est surtout besoin de retenir qu'elle peut faire des économies, voire réaliser des bénéfices, mais elle ne peut les partager entre ses membres.
Des actes de commerce peuvent être réalisés sans pour autant que leur auteur ait la qualité de commerçant. Les actes de commerce s'entendront ici d'une façon large, comme d'un achat destiné à la revente. Indéniablement, l'association achète pour revendre ses articles à connotation celtique. Cette activité n'est pas en contradiction avec sa qualité d'association, tant que cette répétition d'acte spéculatif ne prime pas l'objet de l'association.

Reste néanmoins à discuter la qualité de commerçant de l'association. Il n'y a pas d'incompatibilité de principe entre les qualités d'association et celle de commerçant. Mais la jurisprudence semble réticente à donner à une association la qualité de com-

merçant, même si elle reconnaît que son activité s'approche de cette notion (particulièrement l'arrêt Mosquée de Paris de 1981). Les auteurs font référence alors à la notion de commercialité de fait, qui retire à la personne considérée les avantages liés à la qualification de commerçant. Il en sera ainsi, par exemple, du bénéfice des baux commerciaux.
En outre, les faits n'indiquent pas si l'association a tenté de se faire immatriculer au Registre du Commerce et des sociétés. Il faut de toute façon noter que les tribunaux, pour l'heure, refusent aux associations le droit d'être immatriculée au Registre du Commerce et des Sociétés.

Par conséquent, même si l'association réalise des actes qui peuvent être sans difficultés qualifiés d'actes de commerce, elle n'aura pas la qualité de commerçant. Ceci lui enlève donc la possibilité d'exiger le droit au renouvellement d'un bail, qui ne pourra être qualifié de bail commercial.

4 – M. A. Bus envisage de réaliser une déspécialisation restreinte ou partielle, c'est à dire d'ajouter à l'activité prévue au bail une activité connexe ou complémentaire. En effet, M. A. Bus continuera à exploiter le débit de boissons et l'activité complémentaire s'adressera à la même clientèle.
La déspécialisation partielle, contrairement à la déspécialisation plénière, constitue un droit pour le locataire commerçant. Aussi, n'a-t-il pas besoin, pour ce faire, de requérir l'autorisation préalable du bailleur. Mais il doit l'en informer, ce qu'il a bien fait.
Cependant, M. A. Bus ne doit pas ignorer que le bailleur doit disposer d'un délai de 2 mois pour contester le caractère connexe ou complémentaire de l'activité. Or, ces deux mois ne se sont pas écoulés et M. A. Bus a néanmoins débuté son activité.

Ce faisant, il a commis une faute contractuelle susceptible d'entraîner la rupture du contrat de bail ou le refus légitime (donc sans indemnité d'éviction) de renouvellement du bail commercial.

UNIVERSITÉ D'ORLÉANS

session de mars 1996

Professeurs ayant donné le sujet et établi le corrigé :
T. Granier et Daniel Ohl

PROGRAMME

Droit des sociétés.

SUJETS

Traiter l'un des deux sujets suivants :

PREMIER SUJET

A quelles conditions les accords portant sur le droit de vote aux assemblées sont-ils valides ?

SECOND SUJET

Une société en nom collectif dénommée « IXEF » a pour objet social et pour seule activité réelle d'intervenir pour son propre compte ou pour le compte de tiers sur des marchés financiers à hauts risques.

Ses associés sont deux sociétés anonymes :

– la société « ANTON SA » (67 % du capital) ;

– la société « BETRIX SA » (33 % du capital).

Les statuts de la SNC prévoient, d'une part, que toute modification statutaire ne peut être décidée qu'à la majorité des deux tiers des parts sociales et, d'autre part, que la décision sociale nommant le ou les gérants doit être prise à l'unanimité des associés.

Aux termes d'une assemblée générale tenue le 15 juin 1995, les sociétés ANTON SA et BETRIX SA ont été désignées aux fonctions de co-gérantes pour une durée d'une année, renouvelable par tacite reconduction.

L'un des gérants, BETRIX SA, réalise pour le compte de IXEF des opérations qui génèrent de lourdes pertes au titre de l'exercice clos le 31 décembre 1995.

Au cours d'un récent examen comptable, dans le cadre de l'établissement des comptes de l'exercice 1995, les services de BETRIX SA constatent avec stupéfaction l'existence d'une facture d'achat d'un voilier de plaisance, libellée au nom de la SNC IXEF, d'un montant de deux millions de francs, apparemment non encore réglée.

Renseignements pris, il s'avère que la commande de ce voilier a été passée par le président de ANTON SA, dont les qualités de skipper sont réputées.

Questions posées :

Le président du conseil d'administration de BETRIX SA vous consulte pour savoir s'il est encore temps pour s'opposer à l'acquisition du voilier par la société IXEF ou s'il peut d'ores et déjà poursuivre la nullité de la vente. En ce cas, vous préciserez le fondement de l'action en nullité.

Il se demande aussi quelles autres mesures pourraient être prises à l'encontre de ANTON SA.

En outre, inquiète des pertes comptables réalisées au cours de l'exercice 1995 par la société IXEF, dont elle redoute que la société ANTON SA ne la rende seule responsable, BETRIX SA vous prie de lui exposer :

– les risques qu'elle encourt au cas où la SNC IXEF ne pourrait plus faire face au règlement de ses créanciers ;

– les conditions requises et les avantages d'une éventuelle transformation de la société IXEF en société anonyme.

DEUXIEME SUJET : INDICATIONS DE CORRECTION

Le cas proposé comporte deux volets : l'un est relatif à une opération déjà intervenue passée par un associé gérant au nom d'une société en nom collectif ; l'autre concerne l'avenir puisque l'un des associés désire s'informer d'une part, sur les risques qu'il encourt en cas de difficulté de la société et, d'autre part, sur les conditions d'une éventuelle transformation de la société en nom collectif en société anonyme. Ces deux points seront envisagés successivement.

I – LA QUESTION DE L'ACTE PASSÉ PAR UN ASSOCIÉ GÉRANT

Les services de la société BETRIX SA, associé-gérant de la SNC IXEF, ont constaté l'existence d'une facture d'achat d'un voilier de plaisance, libellée au nom de la société IXEF d'un montant de deux millions de francs. Cet achat a été réalisé par le président de la société ANTON SA, l'autre associé-gérant de IXEF.

Le président de la société BETRIX désire savoir s'il peut encore s'opposer à la vente ou s'il peut en demander la nullité (A). Par ailleurs, il s'interroge sur les mesures à prendre à l'encontre de ANTON SA (B).

A) Opposition à la vente et annulation de celle-ci

A partir des informations fournies dans l'exposé des faits, il n'est pas possible de s'opposer à la conclusion de la vente. En effet, aux termes de l'article 1583 du code civil, la vente est considérée « comme parfaite entre les parties, et la propriété est acquise de plein droit à l'acheteur à l'égard du vendeur dès qu'on est convenu de la chose et du prix, quoique la chose n'ait pas encore été livrée ni le prix payé ». En l'espèce, la facture paraît attester d'un accord sur la chose et le prix, la vente est donc parfaite, peu importe que le paiement ne soit pas encore intervenu.

En revanche, il est envisageable de tenter d'obtenir la nullité de la vente en question. En effet, l'article 14 de la loi de 1966 indique que le gérant engage la société dans ses rapports avec les tiers, par les actes entrant dans l'objet social. Or, il est précisé que la société IFEX a pour objet social et pour seule activité réelle d'intervenir pour son propre compte ou pour le compte d'un tiers sur des marchés financiers à hauts risques. L'achat par celle-ci d'un bateau de plaisance ne peut être considéré comme un acte entrant dans un tel objet social. C'est sur ce point qu'il faudra fonder la demande d'annulation de cette opération. Dans cette optique, il peut être utile de rappeler que la Cour de cassation a jugé que le paiement des dettes personnelles d'un associé n'entrait pas dans le cadre de l'objet social d'une SNC (Cass. com. 26 janvier 1993, Rev. sociétés, 1993, p. 396, note J.J. Barbiéri).

B) Les mesures à prendre à l'encontre de ANTON SA

En ce qui concerne les autres mesures qui pourraient être prise à l'encontre de la société ANTON SA, elles sont de trois ordres.

En premier lieu, et même si l'annulation de la vente n'était pas obtenue, la société ANTON SA, associé-gérant de la société IXEF, en accomplissant un acte qui n'entre pas dans l'objet social de cette dernière a commis une faute susceptible d'engager sa responsabilité civile vis-à-vis de la société IXEF. En effet, une action peut être engagée par celle-ci qui doit démontrer un préjudice et qui peut obtenir le versement de dommages et intérêts. L'associé co-gérant BETRIX SA peut également agir en réparation de l'éventuel préjudice personnel, distinct de celui de la société, qu'elle aurait subi.

En second lieu, une telle faute peut éventuellement être constitutive d'un juste motif de révocation des fonctions de gérant. Dans ces conditions, la société BETRIX pourra demander une révocation judiciaire de la société Anton SA.

En troisième lieu, il est indiqué que la décision sociale nommant le ou les gérants doit être prise à l'unanimité. Or, les gérants

(BETRIX et ANTON) ont été désignés le 15 juin 1995, pour une durée d'un an renouvelable par tacite reconduction. La société BETRIX pourra s'opposer au renouvellement des fonctions de ANTON, en refusant la reconduction dans les délais prévus dans les statuts.

II – LES RISQUES ENCOURUS PAR UN ASSOCIÉ DE SNC ET LES CONDITIONS D'UNE TRANSFORMATION DE CETTE SOCIÉTÉ

Dans le cadre des mesures à prendre pour le futur, la société BETRIX souhaite connaître les risques qu'elle encourt en tant qu'associé d'une société en nom collectif (A) et se renseigne sur les avantages d'une éventuelle transformation (B).

A) Les risques encourus par la société BETRIX

Aux termes de l'article 10, alinéa 1, de la loi du 24 juillet 1966, les associés de la S.N.C. *« ont tous la qualité de commerçant et répondent indéfiniment et solidairement des dettes sociales »*. Ceci est une obligation légale (qui ne peut dont être écartée par une disposition statutaire) lourde pour les associés qui sont tenus du passif social. Il faut noter qu'il ne s'agit pas comme dans les sociétés civiles d'une obligation proportionnelle au nombre de parts détenues (article 1857, alinéa 1, du code civil : *« A l'égard des tiers, les associés répondent indéfiniment des dettes sociales à proportion dû de leur part de capital social à la date de l'exigibilité ou au jour de la cessation des paiements »)* mais d'une obligation indéfinie et solidaire de la dette de l'entreprise sur leur patrimoine personnel. Cependant, le texte précise que seules les dettes sociales sont concernées ce qui signifie que ces dettes doivent être contractées par la société et dans le cadre de son objet social. Par ailleurs, le créancier doit d'abord avoir mis en demeure, par acte d'huissier, la société pour le paiement avant de poursuivre les associés (article 10, alinéa 2 de la loi du 24 juillet 1966). Le caractère expéditif de la procédure doit être souligné. En effet, le créancier à défaut de règlement par la société dans les huit jours peut se retourner contre les associés en mettant en jeu leur responsabilité personnelle et solidaire.

L'associé qui a payé pour le tout peut ensuite poursuivre à son tour ses co-associés et tenter d'obtenir leur participation au passif pour la part convenue dans les statuts. Si ces derniers ne contiennent aucune indication dans ce domaine, la contribution aux pertes de chaque associé se détermine logiquement en proportion de sa part dans le capital social (article 1844-1 du code civil).

B) Conditions et avantages de la transformation de la SNC en SA

La loi du 24 juillet 1966 ne comporte pas de dispositions particulières quant à la transformation volontaire d'une SNC en SA. C'est donc le droit commun de la transformation qui sera appliqué. Ainsi, l'assemblée générale extraordinaire va statuer à la majorité qualifiée requise pour une modification des statuts, soit, en l'espèce, deux tiers des parts sociales. La société transformée devra remplir les conditions légales exigées pour sa nouvelle forme juridique. Ainsi, IXEF, pour devenir SA devra être constituée par sept associés et devra avoir un capital minimum de 250 000 francs... Il faut veiller à ce que la transformation de la société ne constitue pas un abus de majorité. Il faudrait alors prouver qu'elle est contraire à l'intérêt général et qu'elle a pour unique objectif de favoriser les membres de la majorité au détriment de ceux de la minorité. Cette possibilité n'est pas complètement à exclure dans ce cas précis. En effet, il faut remarquer que la transformation de IXEF en SA aura pour conséquence de marginaliser la société ANTON dans la mesure où le fait de posséder moins du tiers du capital ne lui permet pas de pouvoir participer de manière significative à la gestion d'une SA, alors qu'en l'état actuel, elle est cogérante.

En fin d'opération, pour que la transformation soit opposable aux tiers, il sera nécessaire d'accomplir des formalités de publicité comparables à celles demandées pour la constitution de la société : publication dans un journal d'annonce légale, dépôt au greffe, inscription modificative au registre du commerce et des sociétés et une insertion au BODACC.

L'avantage le plus significatif de la transformation de la SNC en SA est une limitation de la responsabilité des associés. Cependant, cet avantage ne joue que pour l'avenir puisque les associés en nom restent indéfiniment et solidairement des dettes contractées par la SNC avant sa transformation (v. Paris, 25 mai 1993, Bull. Joly, 871, note Couret).

PREMIER SUJET : INDICATIONS DE CORRECTION

En introduction, il était utile de souligner l'intérêt et la validité de principe des accords de vote. Puis il fallait également indiquer que la jurisprudence faisait cependant preuve d'une certaine circonspection dans le domaine. Cela s'est traduit par la détermination de conditions négatives de validité des accords de vote (I) ainsi que par une discussion sur l'existence d'une condition relative au respect de l'intérêt social (II).

I – LES CONDITIONS NÉGATIVES DE VALIDITÉ DES CONVENTIONS DE VOTE

Les conventions de vote ne doivent pas porter atteinte à une disposition impérative du droit des sociétés (A) et elles ne doivent pas non plus aboutir au dépouillement d'un associé de son droit de vote pour une durée illimitée (B).

A) Le respect des dispositions impératives du droit des sociétés

A titre d'exemple :

– Révocabilité ad nutum du droit des dirigeants sociaux ;

– Indivisibilité des droits de vote et des droits pécuniaires des associés.

B) La durée illimitée du dépouillement du droit de vote

Sont seulement admis les accords ayant pour objet :

– une renonciation temporaire au droit de vote ;

– une suspension du droit de vote pour un temps déterminé.

II – UNE CONDITION POSITIVE DISCUTÉE : LE RESPECT DÛ PAR LES CONVENTIONS DE VOTE À L'INTÉRÊT SOCIAL

Les accords de vote non contraires à l'intérêt social ont été considérés comme valides par la jurisprudence (A) une discussion peut s'instaurer sur le fait de savoir s'il est nécessaire de démontrer que ce type de convention est utile à la société (B).

A) La validité des accords de vote non contraires à l'intérêt social

– Tribunal de commerce Paris, 1er août 1974 « affaire Schneider – Marine – Firminy » ;

– Com. 24 février 1987, « affaire Rivoire et Carré-Lustucru ».

B) La question de la démonstration de l'utilité de la convention de vote à l'intérêt social

La jurisprudence ne semble pas exiger la preuve positive que la convention de vote est utile à l'intérêt social.

La doctrine semble aller dans cette même direction.

Le législateur lui-même a rejoint cette position, de manière incidente, dans l'article 355-1 de la loi du 24 juillet 1966 relatif au contrôle exercé par une société sur une autre.

UNIVERSITÉ DE PARIS I

Première session – mai 1996

Professeur ayant donné le sujet et établi le corrigé :
M. Y. Guyon

PROGRAMME

Entreprises en difficultés (faillites).

SUJETS

Au choix :

PREMIER SUJET

Le paiement des salaires lorsque l'employeur est en redressement ou en liquidation judiciaire.

ou

SECOND SUJET

La SARL Socabat, entreprise du bâtiment, fait l'objet d'un redressement judiciaire soumis au régime général. Le jugement d'ouverture, prononcé le 20 décembre 1995 a fixé au 1er juin 1995 la date de la cessation des paiements. La période d'observation est sur le point de se terminer. Un créancier, M. Guillaume entend dire que l'entreprise sera cédée à un tiers pour un prix qui ne permettra pas d'apurer la totalité du passif.

Il vous demande :

1°) De lui expliquer les différences entre un plan de cession et un plan de continuation.

2°) De lui indiquer s'il pourra exercer un recours contre le gérant de Socabat qui a poursuivi l'exploitation déficitaire dans son intérêt personnel.

3°) Ce qui se passera si le cessionnaire de l'entreprise ne paye pas le prix, selon les modalités fixées par le jugement arrêtant le plan.

4°) Enfin Socabat, qui devait plus d'un million à Guillaume, lui avait cédé, en octobre 1995, une créance de 500 000 F qu'elle avait sur un de ses clients. Guillaume est inquiet, car il a entendu dire qu'il risquait d'être obligé de restituer cette somme. Pouvez-vous le rassurer ?

CORRIGÉ DU PREMIER SUJET

Bien qu'organisées en principe dans l'intérêt des créanciers, les procédures collectives ont souvent des conséquences catastrophiques à leur égard car il faut concilier l'apurement du passif avec le redressement de l'entreprise et la sauvegarde des emplois. Comme la loi du 25 janvier 1985 donne à ces deux derniers objectifs un caractère prioritaire, les créanciers ne sont payés qu'avec retard et souvent très partiellement. Une catégorie de créanciers échappe pourtant en partie à ces inconvénients : ce sont les salariés. La nécessité de garantir le paiement des salaires n'est pas sérieusement discutable. D'une part la créance salariale a, au moins en partie, un caractère alimentaire. Le salarié a besoin de son salaire pour vivre. Il doit être payé sans délai et de manière aussi complète que possible. D'autre part les garanties de paiement accordées aux salariés sont conformes à l'intérêt général car si les salariés sont sûrs d'être payés, ils continueront de travailler malgré les difficultés que traverse l'entreprise. Dans le cas contraire, un climat social perturbé et des menaces de grève risqueront de rendre inévitable l'ouverture de la procédure collective et ultérieurement d'empêcher l'adoption d'un plan de redressement.

Par conséquent la loi du 25 janvier 1985, plus encore que les textes antérieurs, accorde aux salariés un traitement préférentiel alors qu'elle diminue notablement l'efficacité des sûretés dont jouissent d'autres catégories de créanciers. Néanmoins elle n'accorde pas une priorité absolue à toutes les créances salariales. En effet les procédures collectives impliquent une situation de pénurie. Tous les créanciers ne pourront pas être payés intégralement et immédiatement. Or favoriser à tout prix les salariés risque d'aboutir à des injustices. Ainsi sacrifier les fournisseurs aux salariés revient à sacrifier indirectement les salariés de ces fournisseurs. De même certains créanciers de l'entreprise en redressement ou en liquidation sont eux aussi des salariés dont les économies risquent d'être englouties. Tel est le cas notamment de ceux qui ont versé des avances à l'entreprise en vue de l'acquisition d'un bien qui ne leur sera jamais livré. Enfin le salariat recouvre des réalités sociologiques différentes : il n'y a rien de commun entre le manœuvre qui demande le paiement de son SMIC et le dirigeant social qui se prétend créancier de la société pour un salaire élevé, alors qu'il est parfois plus ou moins à l'origine de la mauvaise gestion qui a provoqué la cessation des paiements.

Il faut par conséquent, à titre préalable, se demander qui sont les salariés. La réponse de principe est simple : ce sont ceux qui sont titulaires d'un contrat de travail. Mais les tribunaux doivent trancher de nombreuses questions délicates, notamment en cas de cumul d'un mandat social avec un contrat de travail. Il faut aussi se demander si les garanties accordées au paiement du salaire lui-même doivent s'étendre à ses accessoires : remboursements de frais professionnels, indemnités de congés payés, primes diverses et le cas échéant indemnité de licenciement.

Dans tous ces domaines la loi de 1985 donne des réponses nuancées, même si elle est globalement favorable au paiement prioritaire des salaires. Cette faveur se manifeste déjà s'agissant des salaires échus avant le jugement d'ouverture (I). Elle est encore plus manifeste en ce qui concerne le paiement des salaires correspondant au travail effectué pendant la période d'observation (II).

I – LE PAIEMENT DES SALAIRES ÉCHUS AVANT LE JUGEMENT D'OUVERTURE

Puisque l'ouverture de la procédure suppose une cessation des paiements, il est assez habituel que l'employeur n'ait pas été en mesure de payer les salaires dus en raison du travail accompli dans les semaines ou les mois qui ont précédé le prononcé du règlement ou de la liquidation judiciaires. Les salariés bénéficient alors de trois avantages.

A) Tout d'abord les salariés sont dispensés de l'obligation de déclarer individuellement leur créance salariale (L. 1985, art. 50 et 134). En effet l'expérience avait montré, sous l'empire des textes antérieurs à la loi de 1985, que les salariés déclaraient rarement leur créance, sans doute parce qu'ils pensaient que le paiement avait un caractère automatique. Ils s'exposaient par conséquent à une forclusion. Pour éviter cet inconvénient, le représentant des créanciers prend l'initiative. Il dresse un relevé des salaires pour vérification. Les salariés peuvent le contester devant le conseil des prud'hommes. Par conséquent, dans le cas général, le salarié n'est astreint à aucune diligence particulière, contrairement aux autres créanciers qui doivent demander à être payée, sous peine d'extinction de leur créance.

B) En second lieu les salariés sont payés plus rapidement que les autres créanciers. En effet, en règle générale, aucune créance antérieure ne peut être payée pendant la période d'observation (L. 1985, art. 33). Cette interdiction se justifie par le principe de l'égalité entre les créanciers car, à ce stade de la procédure, on ignore encore le montant des droits de chacun. Le caractère alimentaire de la créance salariale, car on ne vit pas à crédit, justifie une exception à cette règle. Une fraction du salaire doit être payée dans les dix jours du jugement d'ouverture, à titre provisionnel et sur la base du dernier bulletin de paie, ce qui évite les vérifications.

C) Enfin et surtout les salariés bénéficient d'une double garantie de paiement

La créance salariale est une créance privilégiée. Elle est garantie par un privilège général, mobilier et immobilier, qui couvre les six derniers mois de salaires (C. civ. art. 2101 et 2104). Mais ce privilège n'est pas très efficace. Sur les meubles, il est primé par les droits résultant d'un gage et par le Trésor. Sur les immeubles ce privilège permet aux salariés d'être payés avant les créanciers hypothécaires. Mais la vente des immeubles demande du temps alors que le salarié a besoin de son salaire pour vivre. Par conséquent un décret-loi de 1935 a instauré une garantie supplémentaire, nommée super-privilège. Celui-ci ne couvre que les soixante derniers jours de travail et pour un montant plafonné. Son efficacité est très grande car le salarié doit être payé nonobstant l'existence de toute autre créance privilégiée. Les salariés doivent seulement s'incliner, le cas échéant, devant le créancier gagiste.

Cette priorité des priorités n'est efficace que s'il existe, dans les actifs de l'employeur, des sommes suffisantes pour payer les salaires. Si ces disponibilités font défaut, le paiement des salaires est pris en charge, depuis une loi du 27 décembre 1973, par un organisme spécialisé l'AGS. Ici encore le montant versé est plafonné. L'AGS est un mécanisme d'assurance, alimenté par des cotisations versées par toutes les entreprises susceptibles de faire l'objet d'une procédure collective. Néanmoins l'AGS, lorsqu'elle a payé, est subrogée aux droits des salariés. Elle participe à la procédure en leur lieu et place. Ce mécanisme assure aux salariés une garantie minimale efficace.

Mais la question du paiement des salaires ne concerne pas seulement les salaires dus au jour du jugement d'ouverture. Il faut aussi garantir les droits des salariés qui ont travaillé pendant la période d'observation.

II – LE PAIEMENT DES SALAIRES ÉCHUS AU COURS DE LA PÉRIODE D'OBSERVATION

La période d'observation a pour objectif de rechercher si l'entreprise peut se redresser. Il est donc essentiel que l'exploitation continue dans de bonnes conditions, ce qui suppose que les salariés soient certains d'être payés totalement en temps utile pour le travail qu'ils ont effectué après le jugement d'ouverture. Ici encore la loi accorde des garanties aux salariés, par le jeu d'un mécanisme à double détente.

A) Les créances salariales afférentes à la période d'observation bénéficient, comme toutes les créances postérieures, du droit de priorité prévu par l'article 40 de la loi du 25 janvier 1985. Ce texte, dérogeant à la maxime « prior tempore, potior jure » décide que les créances nées au cours de la période d'observation seront payées avant les créances antérieures au jugement d'ouverture. Le renversement de l'ordre chronologique, bien que surprenant au premier abord, est en réalité explicable. L'exploitation de l'entreprise pendant la période d'observation, et par conséquent son redressement éventuel seraient impossibles si ceux qui acceptent de traiter avec l'entreprise craignaient un paiement partiel. Par conséquent, consacrant une jurisprudence séculaire, l'article 40 décide que les créances nées régulièrement après le jugement d'ouverture seront payées dès leur échéance et avant les créances antérieures. Ainsi les salariés, qui bénéficient de cette mesure, échappent aux principaux inconvénients des procédures collectives. Ils échappent à la règle de l'arrêt des poursuites individuelles et ils ne viennent pas en concours avec les créanciers antérieurs. La loi leur accorde une priorité absolue.

B) Toutefois des créances autres que les créances salariales ont pu prendre naissance au cours de la période d'observation. L'article 40 règle alors les conflits qui peuvent s'élever entre les divers créanciers, lorsque l'actif de l'entreprise ne permet pas un paiement intégral de tous.

Ici encore les salariés sont en bonne situation puisqu'ils viennent au premier rang des créanciers bénéficiant de l'article 40, c'est à dire qu'ils ont la priorité des priorités. L'article 40 ne prévoit aucun plafond. Le droit de priorité s 'applique au montant total du salaire, et non pas à la fraction couverte par le super-privilège, parce qu'elle a un caractère alimentaire.

Si néanmoins l'actif de l'entreprise était insuffisant pour payer les salaires, ceux-ci seraient avancés par l'AGS mais seulement pendant une durée d'un mois et demi.

Grâce à ces divers mécanismes, le paiement des salaires est relativement bien garanti, malgré l'ouverture d'une procédure collective. Le véritable enjeu de celle-ci pour les salariés est le maintien des emplois. Or, de ce point de vue, la situation est beaucoup moins satisfaisante car des licenciements sont presque toujours nécessaires pour permettre un plan de redressement et sont inévitables en cas de liquidation.

(Sur ces points, V. Y. GUYON, Droit des affaires, t. II, n°1209, 1228, 1245 et 1350).

Autres plans

I – Le paiement des salaires par l'employeur

A) Salaires antérieurs

B) Salaires postérieurs

II - Le paiement des salaires par l'AGS

A) Les relations AGS - salariés

B) Les relations AGS - débiteur

ou

I – Le moment du paiement

II – Les modalités du paiement

CORRIGÉ DU DEUXIÈME SUJET

Ce sujet comporte des questions très différentes les unes des autres, qui peuvent être traitées successivement, sans qu'il soit nécessaire de rechercher un plan.

1re question

Remarque préalable. La question peut sembler vaste. En réalité l'examen de l'intitulé montre qu'il ne s'agit pas de comparer le plan de continuation et le plan de redressement en général, mais seulement de montrer leurs différences, envisagées du côté du créancier.

A l'issue de la période d'observation le tribunal, s'il estime que l'entreprise est viable, adopte un plan de redressement. Celui-ci peut comporter deux modalités : ou bien l'exploitation de l'entreprise est continuée par le débiteur lui-même oui bien l'entreprise est cédée à un tiers, le repreneur. L'attention de M. Guillaume doit être attirée sur le fait que cette décision capitale est prise par le tribunal seul, sans que les créanciers soient appelés à y consentir ou aient le droit de la contester.

De nombreuses différences séparent les plans de cessions des plans de continuation. On se bornera ici à exposer celles qui intéressent les créanciers.

En cas de plan de continuation, le tribunal peut imposer aux créanciers des délais de paiement, dont il fixe librement le durée, mais non des remises de dette. Dans ce ces M. Guillaume est sûr d'être payé, mais peut être le sera-t-il tardivement. Il peut toutefois consentir spontanément des remises de dette, s'il l'estime de son intérêt.

En cas de plan de cession, les créanciers sont payés sur le prix versé par le cessionnaire. Ce prix n'est pas forcément égal au passif, ou même au passif garanti par des sûretés. M. Guillaume risque par conséquent un paiement partiel, surtout s'il est simple créancier chirographaire. En outre le tribunal peut accorder au cessionnaire des délais de paiement. Par conséquent M. Guillaume court le risque de n'être payé que partiellement et avec un retard important par rapport à l'échéance de la dette.

D'autres différences moins importantes peuvent être signalées. Si Guillaume avait conclu des contrats à exécution successive avec la société Socabat, l'exécution de ces contrats reprendra dès l'adoption du plan de continuation, dans les mêmes conditions qu'avant l'ouverture de la procédure, sauf si ces contrats avaient été résiliés par l'administrateur au cours de la période d'observation. Guillaume conservera ses mêmes partenaires. Au contraire, en cas de plan de cession, le tribunal peut ordonner la continuation de ces contrats au bénéfice du repreneur. Guillaume verra ou bien ces contrats prendre fin ou bien leur exécution continuer avec un partenaire qui lui sera imposé par le tribunal. Cette substitution peut se révéler gênante si le contrat continué par le repreneur avait été conclu en considération de la personne (concession, franchise etc.).

Pour toutes ces raisons Guillaume aurait intérêt à l'adoption d'un plan de continuation. Mais la décision lui échappe et peut être la société Socabat n'est - elle pas en mesure de payer tout son passif, même à terme, ce qui conduit nécessairement à une cession. (Sur ce point, V. Y. GUYON, Droit des affaires, T. II, n°1265, 1288 et 1290).

2e question

En principe le gérant d'une SARL échappe aux conséquences de la procédure collective ouverte à l'encontre de la société qu'il dirige. Ce principe supporte cependant des exceptions, car il serait choquant que les créanciers sociaux, ruinés par la procédure collective, ne puissent exercer aucun recours contre les dirigeants de la société.

Entérinant les solutions antérieures, ou les modifiant parfois sur certains points, la loi du 25 janvier 1985 a organisé deux recours contre les dirigeants d'une société.

Tout d'abord le dirigeant, s'il a commis des fautes de gestion, peut être condamné à prendre à sa charge tout ou partie de l'insuffisance d'actif (L. 1985, art. 180). Cette action peut être intentée en l'espèce puisque le gérant, dirigeant de droit, a commis une faute en poursuivant l'exploitation déficitaire de Socabat dans son intérêt personnel. En outre, s'il y a plan de cession, on a vu que le remboursement total des créanciers était peu probable, de telle sorte que la procédure fera apparaître une insuffisance d'actif. M. Guillaume aurait évidemment intérêt à ce que cette insuffisance soit mise à la charge du gérant. Malheureusement l'action fondée sur l'article 180 ne peut pas être intentée par un créancier agissant individuellement. Elle n'est ouverte qu'aux organes de la procédure, au procureur de la République et au tribunal qui peut se saisir d'office. La seule chose que peut faire Guillaume est de tenter de persuader le représentant des créanciers d'intenter l'action. Mais il n'a pas le moyen de l'obliger à le faire. Néanmoins l'action individuelle de Guillaume serait recevable au cas où le comportement du gérant lui aurait causé un préjudice personnel, distinct du non paiement total de sa créance.

En second lieu la procédure ouverte contre la société peut être étendue à ses dirigeants lorsque ceux-ci ont commis des fautes caractérisées, énumérées par l'article 182 de la loi de 1985. Parmi celles-ci figure le fait d'avoir abusivement poursuivi l'exploitation dans un intérêt personnel. Cette action produit des effets plus complets que la précédente puisque le gérant de Socabat, mis personnellement en redressement judiciaire, devra payer solidairement avec cette société la totalité du passif. Mais ici encore l'action personnelle de Guillaume est irrecevable car l'extension de procédure ne peut être demandée que par les mêmes personnes

que celles ayant qualité pour déclencher l'action en comblement de l'insuffisance de passif.
(Sur ce point, V. Y GUYON, Droit des affaires, t. II n° 1374 et 1402).

3e question

Le non paiement du prix par le repreneur aura des conséquences catastrophiques. En effet le tribunal prononcera la résolution du plan. Certes cette sanction est facultative. Le tribunal peut ne pas la prononcer et se borner à nommer un administrateur « ad hoc » dont il déterminera la mission (L. 1985 art. 89 dernier alinéa et 90). Néanmoins il est peu probable que le tribunal se contentera de cette solution d'attente, sauf si le non respect des échéances est temporaire.

Le plan de cession sera résilié, ce qui signifie que les biens cédés reviendront dans le patrimoine de Socabat, qui devra restituer le prix. La procédure à l'encontre de Socabat sera rouverte. Une difficulté se présentera car cette société avait été dissoute lors de l'adoption du plan cédant la totalité de ses actifs (C. civ. art. 1844-7-7). Devra-t-elle revivre pour participer à une procédure qui ne peut conduire qu'à sa liquidation car tant une continuation qu'un nouveau plan de cession paraissent exclus.

Une procédure de redressement judiciaire sera ouverte à l'encontre du repreneur puisque le non respect des échéances est constitutif de cessation des paiements. En outre le repreneur pourra être condamné à des dommages intérêts destinés à réparer le préjudice que la résolution du plan a causé aux créanciers de Socabat. (Sur ce point, V. Y. GUYON, Droit des affaires, t. II n°1287).

4e question

La cession de créance est intervenue en octobre 1995 c'est à dire entre la cessation des paiements, fixée au 1er juin 1995 et le jugement d'ouverture. Guillaume a dès lors raison d'être inquiet car cette opération risque d'être annulée parce que réalisée au cours de la période suspecte.

Plus précisément l'article 107-4 de la loi du 25 janvier 1985 frappe d'une nullité de droit tout paiement intervenu, au cours de la période suspecte, par un procédé qui n'est pas communément admis dans les relations d'affaires. Peu importe que le créancier, en l'espèce Guillaume, ait ou non connu l'état de cessation des paiements du débiteur, en l'espèce Socabat.

Il faut par conséquent se demander si la cession de créance est ou non un mode normal de paiement. La jurisprudence a évolué. Traditionnellement elle annulait systématiquement les cessions de créance. Depuis une période récente, elle est plus nuancée. Elle admet que, dans certaines branches d'activités, les cessions de créance sont utilisées de manière habituelles et sont par conséquent valables, même en période suspecte.
La réponse précise qu'il conviendra de donner à Guillaume dépend d'éléments de fait que l'intitulé du cas pratique ne précise pas. On peut simplement le rassurer en lui indiquant que la tendance générale va dans le sens de la validité de la cession de créance, du moment que cédant et cessionnaire sont unis par des relations d'affaires et cela plus spécialement encore dans le domaine des entreprises de construction.

Si la cession de créance est annulée, Guillaume devra restituer les 500 000 F et déclarer cette nouvelle créance au représentant des créanciers de Socabat s'il est encore dans les délais pour procéder à cette formalité.
(Sur ce point, V.Y. Guyon, Droit des affaires, t. II, n° 1330).

UNIVERSITÉ DE PARIS IX

Sessions de décembre 1995 et d'avril 1996

Professeur ayant donné le sujet et établi le corrigé :
Mme C. Ducouloux-Favard

PROGRAMME

Maîtrise Droit des Affaires Internationales ; droit des contrats. Maîtrise des Sciences et techniques comptables et financières ; droit pénal des affaires.

SUJETS

ÉPREUVES PRATIQUES

PREMIER SUJET (décembre 1995)

Le 15 avril 1985, M. Bouillon, VRP, a acheté, en seconde main, à M. Manivel, garagiste à Nanterre, un véhicule auto BX 30, 11 CV, fabriqué par la Société des Usines Troènes.

Cette acquisition, payée comptant, concerne un véhicule d'occasion dont M. Manivel garantit la révision et qui n'a, aux dires du compteur kilométrique marquant 8 300 km, que très peu roulé.

M. Bouillon n'a pas fait 200 km qu'il subit une première panne, qu'il fait réparer dans une station service de l'autoroute de l'Est. Malgré plusieurs interventions du garage Manivel, les incidents se sont de plus en plus multipliés. Aussi, par lettre du 19 juillet, M. Bouillon exprime ses doléances, notamment en ces termes : « je ne suis en rien satisfait du véhicule que vous m'avez vendu, il présente un mauvais réglage et des défauts dans le système électrique ».

A l'automne, après de nouvelles réparations, M. Bouillon a exprimé à nouveau son mécontentement à son vendeur par lettres des 9 septembre, 3 octobre et 22 octobre et chaque fois, il a adressé un double au fabricant qui ne lui a jamais répondu.

Après un nouvel incident, qui a immobilisé durant 48 heures M. Bouillon à Maubeuge, celui-ci agit en référé et obtient, par ordonnance du 23 novembre 1985 la désignation d'un expert.

Le rapport d'expertise, déposé le 7 mars 1986, relève que lors du premier examen du véhicule, celui-ci avait déjà parcouru 92 800 km.

Le rapport se poursuit par la description des réparations successives et la conclusion est en ces termes : « les anomalies du système électrique sont la cause des nombreuses pannes, mais il est impossible de déterminer les raisons de ces défectuosités ».

M. Bouillon vient vous trouver avec la ferme intention d'assigner en justice vendeur et fabricant et le désir d'annuler la vente.

Rédigez une consultation ou un projet d'assignation.

SECOND SUJET (avril 1996)

*** Vous êtes Commissaire aux comptes nouvellement désigné de la Société Floral qui fabrique et distribue du mobilier de jardin. C'est une société de famille dans laquelle André Florès possède 4 500 actions sur 5 000 ; son épouse 472, sa belle-mère, Jeanne Petit, 8 et Marc Valin, qui est employé de longue date de l'entreprise Floral, 20 actions. André Florès est PDG et dirige la société de main de maître.**

Vous découvrez que la comptabilité fait apparaître qu'il a été porté au crédit de M. Florès diverses sommes sous le libellé « frais rue de Rivoli » ; que la société verse mensuellement une somme de 10 000 F à l'aéroclub d'Épisy et que André Florès reçoit une rémunération pour des brevets déposés en 1987 alors que l'entreprise, à l'époque, était sous forme de SNC sous la raison sociale « Petit et Cie, entreprise Floral ».

Que vous appartient-il de faire ?

*** Définir : Le fait justificatif de groupe**

Cas : 15 points

Définition : 5 points

CORRIGÉ DU PREMIER SUJET

Présentation des faits : Le sujet est donné de façon neutre. Le reprendre sans le répéter mot à mot, mais au contraire présenter les faits en fonction de l'éclairage qu'on veut en donner dans l'analyse et la démonstration. (Il faut donc rédiger cette introduction en final, bien qu'il faille mettre clairement, au brouillon, la chronologie des faits).

Ainsi : **achat en 2e main** – ou il faut insister sur le fait que bien que d'occasion la voiture n'a que 8 000 km donc elle est presque neuve et on peut lier les contrats – ou il est plutôt insisté sur la révision et la garantie conventionnelle donnée par le garagiste, auquel cas c'est sur le dol que sera axée la démonstration.

– De même : **les pannes** – insister sur le fait qu'elles sont apparues très tôt et qu'il n'y a pas eu mauvais usage. En même temps il peut être indiqué que ce n'est qu'à l'automne qu'il a été possible de penser à un vice inhérent au système électrique (après qu'eurent lieu des pannes successives). Cela permet de penser aux vices cachés pour argumenter.

– Enfin, à propos de **l'expertise**, si on entend la critiquer, il faut marquer que curieusement qu'elle est précise sur le nombre de km parcourus (comment évaluer précisément 92 800 km ?) et qu'elle ne répond pas à la question posée : à savoir, l'origine des défectuosités du système électrique.

Analyse

I – LA FORMATION DU CONTRAT

Le problème de la responsabilité du fabricant est difficile à établir car il y a déjà eu utilisation du véhicule.

Sur le consentement, la question du kilométrage se pose. L'acheteur a cru acheter une voiture quasi neuve. Le problème du <u>dol</u>, erreur provoquée, se pose. Il peut même s'agir de dol frauduleux et on peut penser à la <u>tromperie</u> sur marchandise (délit correctionnel de la loi de 1905).

Noter que ces questions ne concernent que les rapports Bouillon-Manivel.

II – L'EXÉCUTION DU CONTRAT

La chose livrée ne donne pas satisfaction. Pourquoi ? Le système électrique est défectueux. Il peut s'agir d'une <u>non-conformité</u> ou d'un <u>vice caché</u>.

Rappeler ces notions et ne pas oublier que la non-conformité correspond à une mauvaise exécution (art. 1184 C. civ.) alors que le vice caché relève du droit des garanties du vendeur (art. 1625).

Commenter alors ces notions face aux faits du cas.

A) La non-conformité

Ce ne peut être qu'un « non adempliti contractus » et non un « aluid pro alio » car la chose livrée est bien une BX 30 11 CV. C'est même celle qui n'a parcouru que 8 000 km et est immatriculée X.

• Le surkilométrage peut être une non-conformité. Mais cela laisse le fabricant hors de cause et donc il est possible de l'analyser plutôt sous forme de dol ou de tromperie.

• Les défauts du système électrique : ce peut être une mauvaise conception de la série des BX 30 des usines Troenes. Mais il faut faire la preuve que ce n'est pas seulement la voiture acquise par Bouillon qui est défectueuse (difficile). Cela ressemble donc plutôt à un vice inhérent à la chose.

Rappeler la distinction des notions de non conformité et de vices cachés dans la jurisprudence qui tend à noyer le système de la garantie des vices dans la notion et non-conformité (Ghestin) à seule fin de laisser à l'acheteur la possibilité d'agir dans un long délai (Cass. 7 fév. 1986 sur les tuiles gélives).

Souligner que Bouillon peut agir contre le fabricant tant en matière de vices cachés qu'en cas de non-conformité. Cependant, le fabricant pourra exiger la preuve que les vices cachés étaient le fait de Bouillon. Cela revient à devoir faire les mêmes efforts de preuve qu'en cas de non-conformité. Donc l'action en non-conformité n'est pas plus aisée à mener que l'action pour vices cachés. Son seul intérêt est dans le délai.

B) Les vices cachés

Rappeler qu'il faut trois conditions : que le vice soit dans la chose au moment de la délivrance ; qu'il soit caché pour un acheteur normal et qu'il la rende impropre à l'usage attendu.

Le kilométrage au-delà des 8 000 indiqués ne rend pas la chose impropre à l'usage normal. Tout au plus il peut être à l'origine des pannes.

C'est donc encore sur les défaillances du système électrique qu'il faut insister. L'expertise n'apporte rien à ce propos. Or c'est Bouillon qui a la charge de la preuve des défectuosités.

Ces vices sont apparus rapidement (200 km) mais ce n'est que leur répétition qui permet de penser à un défaut de système inhérent à la chose. Cela est important pour le délai de l'action.

III LES ACTIONS

Ce que recherche Bouillon, c'est d'obtenir le remboursement du prix payé (comptant) contre restitution du véhicule et dédommagement pour les ennuis causés.

– *Au civil*

Textes	Dol art. 1109, 1116	Non-conformité art. 1184	Vice caché art. 1625
Contre qui ?	Manivel	Manivel	Manivel et SA Troenes
Pour obtenir quoi ?	Annulation du contrat + dommages et intérêts	Résolution + dommages et intérêts	Résiliation + dommages et intérêts
Délai	5 ans (art. 1304)	Droit commun (10 ans car en matière commerciale	bref (juge souverain selon les faits) (art. 1648)

Noter qu'agir signifie agir au fond, donc assigner au tribunal civil ou de commerce (le demandeur non commerçant a le choix, ce qui n'est pas le cas ici).

– *Au pénal*

Pour étayer le dol civil, il est possible de se servir du pénal. De plus Bouillon peut se constituer partie civile au pénal après ou en même temps qu'il porte plainte. Mais il ne pourra agir en nullité de la vente devant le tribunal correctionnel.

La prescription est de 3 ans.

A noter qu'en cas de relaxe de Manivel, Bouillon risque de répondre d'une action en diffamation.

Conclusion

A moins que Manivel ait mauvaise réputation, l'action au pénal n'est pas à conseiller.

Entre le procès pour vice caché et celui pour non-conformité, les défauts du système électrique penchent vers l'option du premier. La seule hésitation peut venir du délai d'action.

CORRIGÉ DU SECOND SUJET

I – FAITS JUSTIFICATIFS DE GROUPE

Définir, n'est pas discourir. Deux concepts sont à définir : faits justificatifs en droit pénal et faits justificatifs de groupe dans le délit d'abus de biens sociaux.

– Les faits justificatifs en droit pénal sont des circonstances faisant disparaître l'élément légal de l'infraction et qui par conséquent, écartent la responsabilité pénale de l'auteur de l'infraction ou de son complice (V. Guide juridique Dalloz, R. Bernardini).

– Le fait justificatif de groupe dans le délit d'abus de biens sociaux (ou du pouvoir) écarte l'élément de l'infraction concernant le mépris de l'intérêt social. La jurisprudence (des juges du fond dans les affaires Willot et la Cour de Cassation à propos de l'affaire Rozenblum) a posé trois conditions pour qu'un acte contraire à l'intérêt de la société puisse être justifié au regard du groupe tout entier : 1) qu'il s'agisse d'un groupe non artificiel et économiquement structuré ; 2) que les sacrifices demandés à l'une des entités du groupe le soient en fonction d'une politique économique de groupe et 3) que cela ne mette pas en difficulté la société sacrifiée (V. Notre Droit Pénal des Affaires, Masson 1993, p. 114).

II – CAS PRATIQUE – STÉ FLORAL

A) Les faits

Il convient de redonner les faits sans recopier le sujet mais en qualifiant déjà les données qui peuvent l'être d'emblée. A ce propos, le sujet s'y prête bien : il convient de souligner que le cadre des actes litigieux est une SA, société de capitaux qui bien que de famille doit être gérée dans l'intérêt social et non comme « la chose » du chef du clan familial, sous peine de se voir appliquer les sanctions d'abus de biens sociaux ou de pouvoirs des deux délits de l'article 437, 3e et 4e.

Il peut être souligné au passage que la société ne compte que 4 actionnaires, alors qu'il en faut 7, mais que cette irrégularité n'est pas pénalement sanctionnable, ni même qu'elle mette la validité de la société en cause.

Il faut souligner le contexte familial pour indiquer d'une part qu'en 1987 l'entreprise était sous forme de SNC et que la raison sociale démontre que les associés étaient essentiellement la famille Petit, devenue belle famille de l'actuel PDG. A noter aussi le caractère « pater familias » de l'actuel PDG qui est sans aucun doute la personne entreprenante à l'heure actuelle mais qui a tendance à agir comme si la société était « sa » chose (qu'il est donc en danger d'abus de biens sociaux).

Après quoi, il peut être rappelé brièvement le rôle du Commissaire aux comptes (CAC) qui est celui sous l'angle duquel vous devez vous placer pour traiter le sujet.

Indiquer alors que le contrôle des comptes fait apparaître trois volets délicats : 1) le compte frais rue de Rivoli ; 2) les 10 000 F pour l'aeroclub d'Episy et 3) les rémunérations relatives à des brevets déposés en 1987, alors que la SA n'existait pas.

– Il faut alors poser les problèmes en droit. C'est-à-dire rappeler les obligations de vérifications des CAC ; le délit de non révélation des faits délictueux au Parquet (article 457, L66, v. Manuel précité p. 141) et les éléments constitutifs des deux délits d'abus de biens et de crédit et d'abus du pouvoir et des voix, car les trois volets délicats ci-dessus rappelés risquent de faire apparaître des infractions entrant sous ces qualifications.

L'abus de biens sociaux comporte 4 éléments constitutifs : 1) la fonction de dirigeant de droit (ou de fait, art. 463, L 1966) au moment des faits ; 2) un usage des biens (ou du crédit) ou un usage du pouvoir (ou des voix ; 3) que cet usage soit dévié de la finalité de la gestion sociale en ce sens qu'il est contraire à l'intérêt social de la société concernée (ou du groupe si les conditions justificatives sont réunies) et fait dans un intérêt personnel direct ou indirect et 4) de mauvaise foi.

Indiquez la jurisprudence CARPAYE de 1992 qui pose que tout acte illicite est contraire à l'intérêt social et rappeler que le préjudice (à l'inverse du délit d'abus de confiance) n'est pas à prendre en compte pour retenir la qualification d'abus de biens sociaux. A noter qu'un projet de retouche de la loi a été envisagé et que la jurisprudence de 1996 sur les « pots de vin » et l'abus de biens sociaux est hors sujet).

B) Examen des trois volets litigieux des comptes

1°) Sur les frais rue de Rivoli : v. notre manuel p. 110. Si après vérification, il apparaît que le local de la rue de Rivoli est dans le patrimoine de la société, il faut vérifier pourquoi les frais sont crédités au PDG. Si celui-ci habite l'immeuble, il convient de rechercher si l'AG n'aurait pas approuvé un contrat allouant cet avantage particulier au PDG. Auquel cas, il n'y aurait pas abus de biens sociaux.

2°) Sur les 10 000 F à l'aéro-club : c'est le problème du mécénat qui se pose (v. jurisprudence citée dans notre manuel p. 108 – CA Paris 7 nov. 1979). Après vérification, il se peut que cette cotisation donne accès au club à tout le personnel par l'intermédiaire du comité d'entreprise, auquel cas il n'y aurait pas d'abus de biens sociaux. Ce serait, en revanche, bien différent si seuls le PDG et sa famille y pratiquaient le vol à voile.

3°) Sur les brevets : les redevances doivent revenir à l'inventeur ou à celui qui a fourni les frais de recherche (la SNC par exemple) ou le cessionnaire. Par conséquent, il faut rechercher ce qui s'est passé lors de la transformation de la SNC en SA. Et même si les brevets étaient dans le patrimoine de la SNC et sont passés dans celui de la SA, il se peut que le PDG puisse en tirer profit par convention approuvée par l'AG de la société.

A noter qu'il n'y a pas lieu de se demander si le délit pouvait avoir été commis en 1987, car d'une part l'abus de biens sociaux ne peut se commettre dans une SNC et de plus, M. Flores n'était pas dirigeant à cette époque. Enfin, même s'il était possible de songer à l'abus de biens de confiance, celui-ci serait prescrit (3 ans).

Conclusion

Le CAC doit procéder à des vérifications matérielles.

Au vu de ces investigations, il doit déterminer les irrégularités dans la tenue des comptes et refuser de certifier ceux-ci si c'est le cas.

Il est tenu par l'article 230, L 1966 de « porter à la connaissance des dirigeants sociaux les irrégularités et inexactitudes qu'ils auraient découvertes » et cela avant de se précipiter dans les bureaux du Parquet.

Au cas où le PDG ne modifierait pas sa façon contestable de gérer, le CAC, sous peine d'être lui-même poursuivi pénalement (pour délit de non-révélation), doit adresser un rapport au Procureur de la République.

A noter, qu'il doit révéler les faits délictueux commis dans la société qu'il contrôle (et non pas l'éventuel recel commis par le Président du club d'Episy).

UNIVERSITÉ DE PARIS XIII

Examen partiel de février 1996

Professeur ayant donné le sujet et établi le corrigé :
M. D. Guével

PROGRAMME

Actes de commerce ; commerçants ; fonds de commerce ; baux commerciaux ; entreprises ; gens d'affaires et concurrence ; organisations administrative, professionnelle et juridictionnelle du monde du commerce et des affaires.

SUJET

CAS PRATIQUE

Aucun document autorisé.

Le groupement des « Adorateurs du Droit Pur » (ADP) est une association parisienne de recherche mystique. Ses adeptes se réunissent périodiquement autour d'un « Grand Maître » (qui se fait appeler « Obriéro ») pour célébrer le culte du Code civil. L'association édite et vend des brochures pour faire connaître la pensée transcendantale d'Obriéro. Elle organise aussi des séminaires payants de « ressourcement juridique » et des voyages assez coûteux, tout autour du bassin méditerranéen, intitulés « Sur les traces des origines du droit », agrémentés des commentaires d'un conférencier. La SARL Gutinbaire est une petite entreprise d'imprimerie qui se charge habituellement des travaux d'impression des divers documents édités par l'ADP. Depuis novembre 1995, elle n'a pas été réglée pour les services qu'elle a fournis à l'association. Le gérant de la SARL (qui est un peu juriste) vous consulte. Il souhaiterait savoir :

1) Devant quelle juridiction il peut ou doit assigner en paiement l'association, sachant que les factures de la SARL comportent toujours une clause attribuant compétence, en cas de litige, au tribunal de commerce de Paris ;

2) Quel mode de preuve il pourra ou devra utiliser alors ;

3) Quelle est la durée de la prescription de son éventuelle action ;

4) Si l'ADP peut être qualifiée d'« entreprise ».

Après avoir analysé clairement et de manière justifiée la nature juridique des personnes et des actes en présence, vous répondrez dans l'ordre proposé à chaque question posée.

CORRIGÉ

La SARL (société à responsabilité limitée) est une société commerciale par la forme au titre de la loi du 24 juillet 1966, donc une personne morale commerçante qui ne peut faire que des actes de commerce (par la forme ou par accessoire).

L'ADP est une association cultuelle (plus que culturelle). *A priori*, si elle est déclarée, c'est une personne morale civile au titre de la loi du 1er juillet 1901. Elle fait donc alors des actes civils ou des actes de commerce qui sont « civilisés » par accessoire s'il ont un rapport avec son but général désintéressé (par exemple, la vente des brochures). Si, cependant, elle mène une activité commerciale secondaire, c'est-à-dire sans rapport avec son but social ou trop éloigné de celui-ci (par exemple, l'organisation de voyages), on peut dire que c'est une personne civile qui fait des actes de commerce isolés. Si, enfin, son activité commerciale est plus importante que son but social cultuel, elle risque une requalification en personne morale commerçante. En effet, on peut estimer, au titre de l'article 632 du Code de commerce, qu'elle fait des actes ou des « entreprises » (entendues au sens originel d'« actions d'entreprendre »), actes de commerce par nature d'achat pour revendre, de transport, d'agence et de fournitures. Elle s'entremet dans la circulation des richesses. La plupart des commerçants sont aujourd'hui des commerçants par leur forme (sociétés commerciales ou associés de sociétés en nom collectif ou associés commandités dans les sociétés en commandites) ou des personnes physiques présumées commerçantes en raison de leur immatriculation sous la lettre A au registre du commerce et des sociétés (décret du 30 mai 1984). La définition de l'article 1er du Code de commerce ne sert donc plus aujourd'hui, le plus souvent, que dans les cas atypiques de commerce de fait, voire occulte. Nous pourrions être ici dans l'une de ces hypothèses d'utilisation effective de l'article 1er du Code de commerce, celui des personnes civiles requalifiées en commerçantes de fait parce qu'elles exercent des actes de commerce et en font leur profession habituelle de manière indépendante ou pour leur propre compte, pour reprendre la définition du texte telle qu'elle doit être complétée. Ici, la condition du lucre, toujours sous-entendue dans la commercialité, semble bien être remplie, même (et surtout ?) si les bénéficiaires des prestations de l'ADP ne sont pas seulement ses sociétaires. La personne morale étant alors un commerçant de fait, on pourra lui reprocher sa commercialité, mais elle ne pourra pas s'en prévaloir pour obtenir le bénéfice d'une disposition favorable du droit commercial. On notera que les juges, tout en tirant les conséquences logiques de la commercialité subjective de telles associations, hésitent à les qualifier expressément de « commerçantes » (l'exemple jurisprudentiel le plus topique fut celui de l'affaire dite « de la Mosquée de Paris ». Le but social principal était religieux. L'activité commerciale secondaire était une activité de vente de produits de boucherie. Il était évident que ce n'était pas là l'activité principale de la Mosquée. On a estimé qu'il s'agissait bien d'une activité secondaire et non accessoire, le lien unissant les deux activités (vente de viande d'animaux tués conformément aux préceptes coraniques) n'étant pas suffisamment ténu. Conséquemment, on en a déduit qu'un fournisseur pouvait valablement opposer à la Mosquée ses livres de commerce *« la Cour d'appel ayant constaté que l'Institut musulman et son recteur ont exploité directement un établissement à but lucratif et fait ainsi de façon habituelle des actes de commerce » :* Com. 17 mars 1981, D. 1983 23). On ajoutera pour finir que l'association concernée peut être requalifiée en société, civile ou commerciale (article 1832 du Code civil), si les bénéfices retirés des opérations menées sont partagés entre les sociétaires (on se gardera de confondre la requalification en commerçant et la requalification en société, puisqu'il peut y avoir des sociétés de fait tant civiles que commerciales).

1) Le demandeur est un commerçant ayant réalisé un acte de commerce. Si l'ADP (défendeur) est une personne morale civile ayant fait un acte civil (hypothèse A), le commerçant demandeur ne pourra l'assigner que devant un tribunal civil. Si l'ADP est une personne morale civile ayant fait un acte de commerce isolé (hypothèse B, peu probable ici, s'agissant de la publication des brochures à vocation religieuse, opération devenue normalement civile par accessoire), le demandeur peut théoriquement saisir le tribunal de commerce, ce dernier pouvant être compétent dès que l'on est en présence d'un acte de commerce, même si son auteur n'est pas commerçant (le critère subjectif et le critère objectif de la commercialité sont alternatifs en matière de compétence des tribunaux : article 631 du Code de commerce). Si l'ADP est un commerçant ayant fait des actes de commerce (hypothèse C), le tribunal de commerce est seul compétent. Au plan territorial, le tribunal choisi sera celui se trouvant dans le ressort du lieu où demeure le défendeur (siège social ou lieu d'un de ses principaux établissements) ou du lieu d'exécution du contrat (articles 42 et s. du nouveau Code de procédure civile). On notera que les hypothèses A et B sont deux formes différentes de situations dites « mixtes ».

Ces solutions ne sont applicables qu'à défaut de stipulations contraires valides. L'article 48 du nouveau Code de procédure civile dispose que toute clause qui dérogerait aux règles de la compétence territoriale est réputée non écrite sauf si elle a été stipulée, de manière très apparente, *« entre des personnes ayant toutes contracté en qualité de commerçant »*. Ici, une clause prévoit la compétence du tribunal de commerce de Paris. Cette clause ne pourrait donc *a priori* recevoir application que dans l'hypothèse C. Dans les deux autres hypothèses, elle pourrait être réputée non écrite, au moins dans son aspect territorial, voire dans sa globalité (il est cependant permis de se demander dans quelle mesure l'attribution de compétence à un tribunal parisien constitue bien, ici, une « dérogation » aux règles de compétence normales, Paris étant, en l'espèce, le lieu où demeure le défendeur).

2) Dans l'hypothèse A, ce sont les règles de la preuve civile qui vont devoir être appliquées (articles 1341 et s. du Code civil). Il faut une preuve parfaite pour prouver les actes conclus, c'est-à-dire qu'il faut en principe un écrit si les sommes en jeu sont supérieures à 5 000 F (mais l'inexécution des contrats est un fait, démontrable par tous moyens).

Dans l'hypothèse B, c'est, là encore, une preuve de nature civile qui sera exigée. En effet, l'article 109 du Code de commerce, dans sa rédaction actuelle, n'autorise la liberté probatoire qu'en présence d'un commerçant ayant fait un acte de commerce (le critère subjectif et le critère objectif de la commercialité sont cumulatifs en matière de preuve).

Ce n'est que dans l'hypothèse C que le mode de preuve pourra être de nature commerciale, le défendeur étant un commerçant ayant réalisé un acte de commerce.

On remarquera que le mode de preuve requis ou possible n'est pas lié au type de tribunal éventuellement compétent.

3) La prescription en matière civile est de trente ans (article 2262 du Code civil). Elle est de dix ans en matière commerciale (article 189 bis du Code de commerce). Dès lors qu'un commerçant a ici agi pour son commerce (la SARL), la prescription est de dix ans puisque l'article 189 bis étend celle-ci aux actes mixtes.

4) Tout dépend de la définition que l'on adopte de l'entreprise, celle-ci n'étant pas donnée par les textes. Selon nous (D. Guével, « L'entreprise, bien juridique », Paris-Lyon, 1994, n° 17 et s., p. 23 et s.), l'on peut retenir, de manière « œcuménique », la définition suivante : « L'entreprise serait une entité autonome, à la fois sujet et objet de droit, regroupant, dans un but spécifique non nécessairement lucratif, trois éléments le plus souvent agrégés par des contrats : un apport humain (le personnel), un apport capitalistique

(capitaux proprement dits, biens mobiliers corporels ou incorporels, biens immobiliers) et une direction (logiquement indépendante à la fois du personnel et des apporteurs de capitaux) ». Si l'on s'en tient à cette présentation, la réponse à la question posée devrait pouvoir être positive.

UNIVERSITÉ DE PAU ET DES PAYS DE L'ADOUR

Première session – mai 1996

Professeur ayant donné le sujet et établi le corrigé :
Mme M. N. Legrand

PROGRAMME

Les sociétés commerciales : règles communes ; sociétés de personnes, S.A.R.L. ; sociétés de capitaux ; opérations de concentration.

SUJET

CAS PRATIQUE

Par suite du décès du Président du conseil d'administration de la SA Pau Aquitaine, un nouveau Président, M. Senior, a été nommé le 1er avril 1996. Ce dernier s'est déclaré très honoré ; a accepté les fonctions mais n'a pas caché qu'il serait peu présent au sein de la société. Il a proposé la nomination de M. Sinécure comme directeur général, ce que le conseil d'administration a accepté le 15 avril 1996.

M. Sinécure a découvert un certain nombre de problèmes sur lesquels il vous consulte.

La SA Pau Aquitaine fait l'objet d'une demande de paiement de la part d'un établissement financier qui a accordé des crédits à une filiale de la SA. Il se prévaut d'une lettre de l'ancien président qui manifestait l'« intention ferme et définitive de la SA Pau Aquitaine de faire le nécessaire pour que sa filiale puisse honorer ses engagements envers la banque ».

La société a le projet de s'allier avec le titulaire d'un brevet, M. Linventeur ; ce dernier souhaite devenir associé en apportant son brevet par souscription à une augmentation de capital que déciderait de réaliser la société ; il se déclare cependant peu intéressé par l'exercice du droit de vote. La société devrait modifier son objet social en ajoutant une nouvelle branche d'activité, cette extension paraissait très intéressante et même indispensable au maintien et au développement de l'entreprise. Ces projets sont bloqués par des actionnaires détenant 35 % des actions.

Les actes de l'ancien conseil d'administration ne paraissent pas à l'abri de critiques. Ainsi, l'ancien président avait conclu avec son propre fils un contrat par lequel il lui vendait un véhicule de la

société ; M. Sinécure ne trouve aucune trace d'une autorisation donnée pour cette cession. D'autre part, un minoritaire, mécontent des faibles dividendes distribués depuis plusieurs années alors que la société a constitué d'importantes réserves, vient de demander une expertise de gestion.

Étudiez ces différents problèmes ; que peut faire M. Sinécure ? Comment réaliser les projets et répondre aux critiques et aux demandes ? Énumérez les différentes opérations qu'il devra éventuellement effectuer.

Documents autorisés : Code civil, Code de commerce et Code des sociétés.

CORRIGÉ

Le directeur général récemment nommé dans une société anonyme est appelé à jouer un rôle important, le président du conseil d'administration ayant annoncé d'ores et déjà une présence épisodique dans la société. Conformément à l'article 117 de la loi de 1966, ce directeur général dispose des mêmes pouvoirs que le président à l'égard des tiers. Et il a le pouvoir d'ester en justice au nom de la société au même titre que le président ; l'assemblée plénière de la cour de cassation par un arrêt du 18 novembre 1994 a mis fin sur ce point aux divergences entre certaines chambres. Monsieur Sinécure pourra donc tant en demande qu'en défense intervenir au nom de la SA Pau Aquitaine. L'opportunité d'exercer ce pouvoir se présentera très vite.

En effet, le directeur général doit répondre à la demande d'un établissement financier, créancier d'une filiale, et qui prétend être payé par la société mère en raison d'un engagement pris par l'ancien président.

Par ailleurs, un projet d'augmentation de capital et extension de l'objet social s'est heurté à l'opposition d'un groupe minoritaire. De plus, la société s'interroge sur le mode de rémunération de l'apport proposé.

Enfin, des critiques s'élèvent à l'encontre de l'ancienne direction. On suspecte un contrat conclu entre la société et le fils du président. Une expertise de gestion est demandée au sujet de la faiblesse des dividendes.

Il convient d'étudier successivement ces différentes questions.

I – LA LETTRE D'INTENTION

Pour répondre à l'établissement financier qui se prévaut d'une lettre signée par l'ancien président en qualité, une analyse de ce document s'impose.

Appelée également lettre de confort, la lettre d'intention manifeste un engagement plus ou moins important d'une société, en général une société mère, à soutenir les engagements d'une entreprise, la filiale, envers un créancier. Adressée à ce créancier, la lettre, en fonction de sa formulation peut être considérée comme un simple engagement moral ou comme une obligation contractuelle de moyens ou même de résultat (Paris 11 mai 1993). Elle pourrait même dissimuler un véritable cautionnement. La qualification de la lettre permet de savoir si les dispositions de l'art. 98 al. 4 de la loi de 1966 sont applicables. En effet, les « cautions, avals et garanties » consenties par une société anonyme doivent faire l'objet d'une autorisation préalable du conseil d'administration. A défaut, l'acte n'est pas opposable à la société. Seules les lettres d'intention analysées en véritable cautionnement ou en obligation de résultat donnaient lieu, selon la cour de cassation, à application de l'article 98 al.4. Mais un arrêt de la chambre commerciale du 8 novembre 1994 (Société Jet services c/ Banque de l'économie rhodanienne) parait avoir abandonné la distinction obligation de moyens – obligation de résultat en analysant comme une garantie au sens de l'article 98 al.4 la lettre comportant « intention ferme et définitive » de « faire le nécessaire pour que la filiale puisse honorer ses engagements » et en soumettant ce type de lettre à la nécessité d'une autorisation préalable du conseil d'administration.

L'ancien président de la SA Pau Aquitaine paraît dès lors avoir souscrit une garantie soumise à l'article 98 al.4. Il convient donc de rechercher si une autorisation de signer cette lettre avait été donnée par le conseil d'administration, ou si pour le moins une autorisation avait été consentie pour un montant global pour un an (article 89 du décret du 23 mars 1967). Dans la négative, Monsieur Sinécure peut considérer la lettre comme inopposable à la société. Par contre, en présence d'une autorisation globale du conseil d'administration pour un certain montant, le directeur général devra vérifier si le montant n'a pas été dépassé ; mais le dépassement ne sera opposable au créancier que si la garantie en question excède à elle seule la limite fixée par le conseil.

II – LE PROJET D'ALLIANCE AVEC M. LINVENTEUR

Monsieur Linventeur apporterait un brevet en contrepartie duquel il recevrait des valeurs mobilières dont la nature reste à déterminer. Mais les minoritaires paraissent vouloir interdire la réalisation de ce projet ; leur attitude peut être constitutive d'abus.

A) Les modalités de réalisation

Le projet devrait entraîner pour la société deux sortes de décisions : augmenter le capital et élargir l'objet social. Ces deux décisions sont de la compétence de l'assemblée générale extraordinaire. Il s'agit en effet de modifications du pacte social. Les décisions doivent être prises sur rapports du conseil d'administration et du commissaire aux comptes avec un quorum d'un tiers sur première convocation et d'un quart sur deuxième convocation et à la majorité des deux tiers. La décision d'augmenter le capital afin de permettre à M. Linventeur d'apporter son brevet nécessite la désignation d'un commissaire aux apports et, sur rapport de ce dernier, un vote sur l'approbation de la valeur de l'apport en nature. Il convient ensuite de réserver à l'apporteur les titres nouvellement créés ; les actionnaires devront donc supprimer leur droit préférentiel de souscription au profit de M. Linventeur par une résolution de leur assemblée extraordinaire sur rapports du conseil d'administration et du commissaire aux compte, M. Liventeur, s'il est associé, ne prenant pas part au vote. Mais si l'augmentation de capital est d'un montant supérieur à la valeur du brevet, un ou plusieurs actionnaires peuvent également, à titre individuel, renoncer à leur droit préférentiel en sa faveur au moment de la souscription.

Encore faut-il connaître la nature des titres à créer. M. Linventeur n'est pas intéressé par la participation aux assemblées. La société peut lui proposer deux sortes de valeurs mobilières. Pau Aquitaine peut émettre des actions à dividende prioritaire sans droit de vote (articles 269-1 et s. de la loi de 1966) ; deux conditions qui devront être vérifiées s'imposent : la société a réalisé des bénéfices distribuables au cours des deux derniers exercices ; un quart du capital au maximum peut être représenté par des actions à dividende prioritaire. Si de telles actions lui sont remises, M. Linventeur bénéficiera d'un dividende distribué avant tout autre et qui ne peut être inférieur à 7,5 % du montant libéré de son apport ni à celui qui est versé aux actions ordinaires. Il aura en outre droit au super dividende, aux réserves et au boni de liquidation. En contrepartie, il ne pourra voter ; cependant, si pendant trois exercices, il ne recevait pas le dividende prioritaire, il devrait acquérir le droit de vote jusqu'au paiement intégral de ce dividende.

Il faut signaler ensuite l'existence des certificats d'investissements, (articles 283-1 et s. de la loi de 1966), ces titres ne doivent représenter qu'un quart du capital au maximum, mais ce pourcentage peut se cumuler avec celui des actions à dividende prioritaire. Grâce à ses certificats d'investissement, M. Linventeur bénéficierait de tous les droits pécuniaires de l'actionnaire. La société créerait en même temps que ces certificats des certificats de droit de vote qu'elle remettrait aux titulaires de droits de vote en place dans la société, ce qui satisferait peut-être les minoritaires. Avec ces certificats, les droits traditionnels de l'actionnaire sont scindés. Mais, si, un jour, M. Linventeur se révélait intéressé par la participation aux décisions collectives, il pourrait, parce qu'il serait porteur de certificats d'investissement, acquérir un nombre équivalent de droits de vote et reconstituer les actions.

Un choix est donc offert à la société et à l'apporteur. Mais quel que soit le type de titres créés, il est fort à craindre que le groupe minoritaire ne s'obstine à refuser l'extension du capital et de l'activité.

B) L'abus de minorité

Monsieur Sinécure dispose-t-il d'un moyen pour réaliser les projets malgré l'opposition d'un groupe d'actionnaires retenant 35 % du capital ? Par leur attitude négative, ces actionnaires bloquent les décisions de l'assemblée générale extraordinaire. Or, il semble que la société ait un besoin impérieux pour son développement et peut-être même pour sa survie de créer une nouvelle branche d'activité. M. Sinécure, en tant que directeur général, pourra engager une action en abus de minorité. L'abus de minorité est une création prétorienne dérivée de la notion d'abus de droit ; certains actionnaires utilisent leurs pouvoirs de telle manière qu'ils portent atteinte à l'intérêt social en interdisant la réalisation d'une opération essentielle. Si cette attitude ne peut être justifiée par un motif légitime de la part des minoritaires, s'il ne s'agit que de favoriser leur propre intérêt, le tribunal constatera l'abus. En l'espèce, sauf à démontrer que le projet est contraire à l'intérêt social, les minoritaires auront des difficultés à justifier leur attitude ; et cela d'autant plus qu'ils ne perdraient pas une once de leurs pouvoirs puisque l'apporteur ne souhaite pas recevoir de droits de vote.

La sanction de l'abus de minorité peut naturellement consister en attribution de dommages-intérêts ; une telle sanction compenserait quelque peu le préjudice subi par la société mais ne permettrait pas la prise de décision. Or par l'arrêt Vitama, la cour de cassation (Com. 14 janvier 1992) a, pour la première fois, ouvert de nouvelles perspectives en déclarant qu'« il existe d'autres solutions permettant la prise en compte de l'intérêt social ». Certains juges du fond admettent que leur décision vaut adoption de la résolution proposée (Pau 22 janvier 1991) ; mais la chambre commerciale de la cour de cassation (9 mars 1993 arrêt Flandin) a censuré les juges du fond qui se substituent aux organes sociaux. Elle suggère la désignation d'un mandataire aux fins de représenter les minoritaires à une nouvelle assemblée et de voter en leur nom des décisions conformes à l'intérêt social. Cette solution parait acquise en l'état actuel de la jurisprudence de la cour de cassation, la cour de renvoi (Toulouse – 13 mars 1995) ne s'étant pas précisément prononcée sur ce point puisque les minoritaires avaient finalement consenti à la résolution proposée. La demande de Monsieur Sinécure pourrait donc avoir pour objet la constatation de l'abus de minorité et la désignation d'un mandataire ad hoc.

III – LES CRITIQUES À L'ENCONTRE DE L'ANCIEN CONSEIL D'ADMINISTRATION

Ces critiques portent sur deux points :

A) La convention entre la société et le fils du président

La suspicion à l'encontre du contrat de vente d'un véhicule de la société au fils du président mérite quelques vérifications. Dans l'ignorance de l'objet social, nous ne pouvons dire si ce contrat entre dans « les opérations courantes » conclues dans le cadre de l'activité de la société (article 102 de la loi de 1966). Dans l'affirmative et à condition qu'elle ait été conclue à des conditions normales, cette vente ne saurait être critiquée. Dans la négative, elle ne paraît pas entrer dans le cadre des conventions réglementées au sens de l'article 101 de la loi de 1966 si toutefois le fils du président n'est ni administrateur ni directeur général. Cependant, il convient de vérifier si le président ne serait pas « indirectement intéressé » on n'aurait pas traité par « personne interposée » étant précisé que cela ne se présume pas et doit être démontré. Si tel était le cas, la convention aurait du faire l'objet d'une autorisation préalable du conseil d'administration. A défaut, la convention peut être annulée si elle a causé un préjudice à la société sauf à ce qu'un vote de l'assemblée générale sur rapport spécial du commissaire aux comptes justifiant des motifs pour lesquels la procédure n'a pas été suivie ait couvert la nullité. M. Sinécure devra donc vérifier s'il y a eu vote du conseil d'administration ou de l'assemblée générale ; il dispose de 3 ans à compter de la date de la convention ou de sa découverte pour agir en annulation.

B) L'expertise de gestion

L'article 226 de la loi de 1966 permet à un ou plusieurs actionnaires minoritaires représentant un dixième du capital de demander la désignation d'un expert afin de vérifier une ou plusieurs opérations de gestion précises. Si la seule opération critiquée est la faiblesse des dividendes distribués, le demandeur sera débouté. En effet, la décision de distribuer des bénéfices ou de les mettre en réserve appartient à l'assemblée générale annuelle. Ce ne peut donc être une décision de gestion même si le conseil d'administration propose les résolutions à l'assemblée. La solution paraît évidente, ce qui n'est pas toujours le cas ; à titre d'exemple, nous pouvons citer l'affaire George V (com. 12 janvier 1993 et Versailles 14 mars 1995) et les différentes qualifications possibles pour un apport partiel d'actif. Le critère organique n'est pas toujours facile à dégager.

Mais ici, le minoritaire n'obtiendra pas son expertise, nous pouvons rassurer M. Sinécure. Mais rien n'interdira à ce demandeur de se lancer dans une nouvelle action en invoquant, peut-être, l'abus de majorité. C'est une perspective que ne peut ignorer le directeur général.

UNIVERSITÉ DE RENNES I

Sessions de janvier et mai 1996

Professeur ayant donné le sujet et établi le corrigé :
Mme Hovasse

PROGRAMME

Actes de commerce ; commerçants ; fonds de commerce ; opérations sur fonds de commerce ; baux commerciaux.

SUJETS

COMMENTAIRES

PREMIER SUJET (janvier 1996)

Les étudiants sont priés de commenter, en les comparant, les deux arrêts suivants :

- **Chambre Commerciale 3 novembre 1988**
- **Chambre Commerciale 15 octobre 1991**

15 octobre 1991

Sur le moyen unique, pris en ses deux branches :

Attendu qu'il est reproché à l'arrêt attaqué (Chambéry, 20 juin 1989) d'avoir mis M. Vescovi en liquidation judiciaire à la suite de la liquidation judiciaire, prononcée le 2 octobre 1987, de son épouse commerçante, alors, selon le pourvoi, d'une part, que seule la qualité de commerçant peut justifier la mise en œuvre des procédures collectives de redressement judiciaire et de liquidation ; que le conjoint d'un commerçant n'est réputé lui-même commerçant que s'il exerce une activité commerciale séparée de celle de son époux ; que, tout au plus, la qualité de commerçant peut-elle être encore reconnue à l'époux qui s'immisce de façon habituelle dans le commerce de l'autre ; que, dès lors, en statuant comme elle l'a fait, sans caractériser les actes de commerce accomplis par M. Vescovi de manière indépendante, et à titre de profession habituelle, la cour d'appel n'a pas donné de base légale à sa décision au regard des articles 1 et 4 du Code de commerce et 2 de la loi du 25 janvier 1985 ; et alors, d'autre part, qu'en se déterminant comme elle l'a fait, la cour d'appel a inversé la charge de la preuve, au mépris de l'article 1315 du Code civil ;

Mais attendu qu'après avoir constaté que M. Vescosi non seulement entretenait avec les clients du magasin de son épouse des relations suivies et fréquentes, et avait une procuration sur le compte bancaire du commerce, mais surtout qu'il avait conclu le contrat d'assurance du magasin et que son nom figurait, comme celui de son épouse, dans la publicité du magasin, la cour d'appel a pu, en l'état de ces constatations et sans inverser la charge de la preuve, retenir que M. Vescovi était commerçant pour avoir, de manière indépendante, exercé des actes de commerce et en avoir fait sa profession habituelle : d'où il suit que le moyen n'est pas fondé.

Par ces motifs :

Rejette le pourvoi.

3 novembre 1988

Sur le premier moyen :

Attendu qu'il résulte des énonciations de l'arrêt confirmatif attaqué (Amiens, 17 décembre 1986) que M. Parreau, éleveur de volailles, assisté de M. Dutour, syndic de son règlement judiciaire, a demandé que M. et Mme Nmaimme, exportateurs, soient condamnés à lui payer une somme représentant le montant de la livraison de volailles effectuée par lui ; que les époux Nmaimme se sont opposés à sa demande en soutenant que les marchandises livrées n'étaient pas conformes à la commande et qu'elles avaient été refusées par leur client comme étant de mauvaise qualité ;

Attendu que les époux Nmaimme font grief à l'arrêt d'avoir déclaré recevable la demande de M. Parreau et de les avoir condamnés à payer une somme que celui-ci réclamait, alors, selon le pourvoi, que l'existence d'une société de fait, même entre époux, suppose que soient réunis les éléments constitutifs de toute société, savoir l'existence d'apports de la part des époux, leur intention de s'associer et leur participation aux bénéfices et aux pertes ; que dès lors, l'arrêt, qui se borne à constater que M. Nmaimme demandait dans ses conclusions la réparation du préjudice commercial porté à « son » établissement, que la majorité des documents produits aux débats étaient soit signés « Nmaimme » (par opposition à « Mme Nmaimme »), soit adressés à lui et qu'il ne justifiait pas qu'il était salarié des établissements Nmaimme, ce qui témoignait tout au plus d'une simple entraide entre les époux, n'a en aucune façon caractérisé la coexistence des trois éléments précités ; qu'elle ne pouvait donc, sans priver sa décision de toute base légale au regard des articles 1134, 1832 du Code civil et 368 de la loi du 24 juillet 1966, décider qu'il existait une société de fait entre les époux Nmaimme ;

Mais attendu que si l'existence d'une société créée de fait exige la réunion des éléments constitutifs de toute société, l'apparence d'une telle société s'apprécie globalement, indépendamment de la révélation de ces divers éléments ; qu'en l'espèce, la cour d'appel, en constatant, au vu des faits qui ont été rapportés ci-dessus, l'apparence, vis-à-vis des tiers et en particulier de M. Parreau, d'une société créée de fait entre M. et Mme Nmaimme, a légalement justifié sa décision du chef critiqué ; que le moyen n'est pas fondé ;

Sur le second moyen, pris en ses deux banches : ***(sans intérêt) ;***

Par ces motifs :

Rejette le pourvoi.

SECOND SUJET (mai 1996)

Les étudiants sont priés de commenter l'arrêt suivant :

• Cour de Cassation, 3e chambre civile, 24 janvier 1996.

Attendu, selon l'arrêt attaqué (Colmar, 10 décembre 1993), que, par acte du 6 octobre 1986, la société MIGROS, aux droits de laquelle se trouvent la Société européenne de supermarchés et la société MATCH ALSACE, a donné en location à M. Amesz, suivant un contrat intitulé « contrat de location d'emplacements », divers locaux à usage commercial pour une durée de 15 jours ; que cette location, utilisée par M. Amesz pour le commerce de fleurs, a été régulièrement renouvelée pour une durée variant de 7 jours à un mois et pour la dernière fois, le 18 décembre 1989, pour une durée de 7 jours ;

Attendu que la Société européenne de supermarchés et la société MATCH ALSACE font grief à l'arrêt de les débouter de leur demande aux fins d'expulsion de M. Amesz, alors, selon le moyen, 1°) que le juge doit, en toutes circonstances, faire observer et observer lui-même le principe de la contradiction, et ne peut fonder sa décision sur des moyens de droit qu'il a relevés d'office, sans avoir au préalable invité les parties à présenter leurs observations ; qu'en se fondant, pour juger que le locataire pouvait se prévaloir d'une clientèle propre distincte de celle du supermarché, sur une autonomie de gestion du locataire, et sur une clause contractuelle non invoquée par les parties et non débattue contradictoirement, la cour d'appel a violé l'article 16 du nouveau Code de procédure civile ; 2°) que les contrats de location d'emplacements stipulaient aux conditions générales que : « 3-1 Le preneur agira à ses risques et périls. Il devra prendre toutes les mesures nécessaires, en vue d'assurer les objets exposés, ainsi que le matériel, contre les sinistres pouvant survenir (incendie, vol, dégâts des eaux, chute et choc, bris, etc...). La responsabilité du bailleur ne pourra en aucun cas être recherchée lors des sinistres ou dommages quelconques » ; qu'en déduisant de cette clause, qui ne concernait que l'obligation d'assurance, que les sociétés bailleresses avaient entendu accorder au locataire une pleine autonomie de gestion, la cour d'appel a dénaturé ladite clause et violé l'article 1134 du Code civil ; 3°) que pour pouvoir bénéficier du statut des baux commerciaux, le locataire, qui exploite son commerce dans un local dépendant d'une grande surface, soit démontrer qu'il est titulaire d'une clientèle personnelle, laquelle se déduit des efforts du locataire pour attirer une clientèle spécifique distincte de celle de la grande surface ; que, dès lors, en déduisant l'existence d'une clientèle propre du locataire d'un seul emplacement du local et de l'autonomie de gestion dont bénéficiait le locataire, sans caractériser les efforts entrepris par ce dernier pour attirer une clientèle spécifique, la cour d'appel n'a pas donné de base légale à sa décision au regard de l'article 1er du décret du 3 septembre 1953 ; 4°) que le locataire peut toujours renoncer valablement à son droit acquis au renouvellement du

contrat de bail pour neuf ans en signant une nouvelle convention dérogatoire ; que M. Amesz, locataire, a toujours signé des conventions de location d'emplacements d'une durée de 8 à 30 jours ; que, dès lors, en jugeant que le locataire ne pouvait pas renoncer au bénéfice de la propriété commerciale en raison du contrat en cours qui liait les parties pour une durée de 9 ans et qui venait à expiration en 1995, la cour d'appel a violé les articles 1134 du Code civil, 3-2 et 35 du décret du 30 septembre 1953 ; 5°) que seules des conventions de location d'emplacements d'une durée de quelques jours ou d'un mois liaient les parties ; que, dès lors, en déduisant le caractère équivoque de la renonciation du locataire de l'existence d'un bail de 9 ans en cours, lors de la signature de la dernière convention en date du 18 décembre 1989, la cour d'appel a violé les articles 1134 du Code civil, 3-2 et 35 du décret du 30 septembre 1953 » ;

Mais attendu qu'ayant constaté, sans dénaturation et sans violer le principe de la contradiction, qu'il résultait des éléments de preuve qui lui étaient soumis que les lieux loués ne constituaient pas un simple emplacement mais des locaux commerciaux disposant d'une vitrine et d'une entrée indépendante, que les contrats litigieux précisaient que le preneur agirait à ses risques et périls et n'imposaient aucune contrainte horaire à M. Amesz qui avait une pleine autonomie de gestion et que ce dernier avait une clientèle propre, distincte de celle du supermarché, la cour d'appel, qui a souverainement retenu qu'en suscitant la conclusion de 40 baux successifs pendant une durée de plus de 3 ans et en louant des locaux commerciaux qualifiés faussement d'emplacements, les sociétés bailleresses avaient commis une fraude en vue d'éluder les dispositions du décret du 30 septembre 1953, a, par ces seuls motifs, légalement justifié sa décision ;

Par ces motifs :

Rejette le pourvoi ;

Condamne, ensemble, la Société européenne de supermarchés et la société Match Alsace, aux dépens et aux frais d'exécution du présent arrêt ;

N.B. : – Le seul document autorisé est le code de commerce.
– Les étudiants devront se garder de toute paraphrase du moyen du pourvoi. Ils seront jugés sur la qualité de la construction et la pertinence de la discussion menée.

CORRIGÉ DU PREMIER SUJET

La loi du 10 juillet 1982 organise la situation du conjoint du commerçant. Ses dispositions renforcent la présomption issue de l'article 4 du Code de commerce selon laquelle le conjoint d'un commerçant n'est réputé lui-même commerçant que s'il exerce un commerce séparé. Mais, les deux arrêts permettent de le constater, les prescriptions de la loi, ignorance ou volonté, ne sont pas toujours suivies par les époux. Ces derniers auront parfois lieu de le regretter.

Faits des arrêts – procédure
évocation rapide...

Ainsi dans le cas de l'exploitation d'un commerce unique le conjoint non immatriculé est susceptible de devenir un commerçant sans le savoir. Les tribunaux recherchent le maître de l'affaire, particulièrement lorsque le mari n'est pas le commerçant révélé aux tiers par l'immatriculation au R.C.S.

Les deux arrêts commentés montrent que deux critères permettent alors l'application du droit commercial au conjoint du commerçant.

Ils suggèrent aussi, qu'au fond, les moyens de preuve qui étayent cette application convergent vers l'unité.

I - LA DUALITÉ DES CRITÈRES DE L'APPLICATION DU DROIT COMMERCIAL AU CONJOINT DU COMMERÇANT

Deux critères justifient l'application du droit commercial au conjoint du commerçant dès lors que ce dernier n'est pas personnellement immatriculé au R.C.S. en qualité d'exploitant. L'un illustré par l'arrêt du 15 octobre 1991 est le critère substantiel, l'autre illustré par l'arrêt du 3 novembre 1988 est le critère formel mis en œuvre par le biais de la théorie de l'apparence. Le premier autorise l'attribution de la qualité du commerçant à l'époux de la commerçante, le second, la qualité d'associé d'une société créée de fait apparente.

A) L'attribution de la qualité de commerçant par le recours au critère substantiel (arrêt du 15 octobre 1991)

Objet : mise en liquidation judiciaire du mari après son épouse.

Texte : article 1 du Code de commerce. La charge de la preuve appartient aux tiers (1315 C. civil).

2 remarques :

1°) L'application de l'article 1 du code de commerce au conjoint du commerçant qui n'exerce pas un commerce séparé suppose que la présomption tirée de l'article 4 du Code de commerce ne soit pas irréfragable comme certains auteurs l'ont pensé après la réforme de l'article 4 par la loi du 10 juillet 1992.

L'arrêt du 15 octobre 1991 est le premier statuant sous l'empire du texte réformé à reconnaître (indirectement) le caractère de présomption simple à l'article 4 du Code de Commerce.

2°) Toutefois l'arrêt ne fonde plus l'attribution de la qualité de commerçant sur l'immixtion ou la participation de l'un des époux aux affaires de l'autre.

La Cour suprême exige des juges de fond qu'ils constatent l'exercice d'actes de commerce personnellement accomplis par le conjoint du commerçant → en principe application rigoureuse de l'article 1 du Code de commerce.

Les tiers auront-ils alors intérêt à se placer sur le terrain du critère formel ?

B) L'attribution de la qualité d'associé d'une société créée de fait apparente par le recours au critère formel (arrêt du 3 novembre 1988)

Objet : la condamnation solidaire des époux au paiement d'une dette commerciale.

Texte : 1873 du Code civil. La preuve pèse sur les tiers (1315 C. civil).

Critère applicable aux époux seulement depuis la loi du 23.12.1985 réformant l'article 1832-1 du Code civil qui a abrogé l'interdiction faite aux époux d'être associés d'une société imposant l'obligation indéfinie et solidaire des associés au passif social. De plus depuis 1980 → assouplissement de l'objet de la preuve. Lorsque les tiers allèguent l'existence d'une société créée de fait « l'apparence d'une telle société s'apprécie globalement indépendamment de la révélation aux tiers du contrat de société lui-même ». L'arrêt du 3 novembre 1988 se situe dans la ligne de la position prise par la chambre commerciale en 1980.

Pour autant, l'associé d'une société créée de fait est-il aussi commerçant ? Au regard de l'article 1871-1 les sociétés créées de fait à caractère commercial sont assujetties au régime des sociétés en nom collectif où tous les associés sont commerçants. En réalité la preuve de la qualité d'associé de fait apparent implique celle de la qualité de commerçant. D'ailleurs les moyens de preuve de ces deux qualités sont les mêmes, les deux arrêts le montrent bien.

II – L'UNITÉ DES MOYENS DE PREUVE ÉTAYANT L'APPLICATION DU DROIT COMMERCIAL AU CONJOINT DU COMMERÇANT

Les deux arrêts se rejoignent pour avoir donné une importance essentielle à l'utilisation commerciale du nom patronymique du conjoint non immatriculé au R.C.S.

A) L'usage du nom du conjoint non immatriculé et l'application du critère substantiel (arrêt du 15 octobre 1991)

Dans la liste des actes de commerce qualificatifs reprise par la cour de cassation on ne trouve aucun acte de commerce par nature. Tous pouvaient aussi avoir été accomplis sous le couvert du mandat de l'épouse. Ainsi la conclusion d'un contrat d'assurance est un acte d'administration ou un acte de commerce par accessoire qui ne peut conférer la qualité de commerçant à quelqu'un qui ne l'était pas antérieurement. La règle de l'accessoire en ce cas ne joue pas. Mais les tribunaux s'accordent pour donner à l'usage commercial du nom de l'époux non immatriculé un rôle essentiel. L'apparence n'est pas loin.

B) L'usage du nom du conjoint non immatriculé et l'application de la théorie des sociétés créées de fait apparentes (arrêt du 3 novembre 1988)

Outre le caractère extrêmement discutable en l'espèce de la qualification de société créée de fait – la présomption du mandat issue de l'article 4 du code de commerce n'a jamais été sérieusement discutée – la preuve de l'apparence découle d'indices très faibles, impuissants à tromper un professionnel qui s'attachera surtout à l'immatriculation au R.C.S. L'utilisation par le mari de son nom patronymique dans la correspondance commerciale a été retenue comme la cause essentielle de l'apparence.

Mais l'on objectera pour justifier cette jurisprudence que d'une part, le nom commercial est devenu un support déterminant du ralliement de la clientèle, que d'autre part, il ne s'agit dans les deux affaires que de démontrer l'exploitation en commun d'un commerce unique par deux époux.

Ceci explique que le critère substantiel et le critère formel tendent à fusionner dans le creuset de l'apparence.

CORRIGÉ DU SECOND SUJET

La troisième chambre civile de la Cour de cassation confirme dans son arrêt du 24 janvier 1996 l'application du statut des baux commerciaux à l'exploitant d'un commerce satellite d'une grande surface. Une fois n'est pas coutume. Mais la fraude manifeste du bailleur n'est sans doute pas totalement étrangère à la solution finalement retenue.

Les faits de l'affaire sont les suivants : une société de supermarché loue divers locaux à usage commercial, à un fleuriste, par acte du 6 octobre 1986. La durée de ce premier bail est de quinze jours. Par la suite la location est régulièrement renouvelée pour une durée de 7 jours à un mois, jusqu'au 25 décembre 1989, date à laquelle le bailleur refuse de renouveler le contrat et demande finalement l'expulsion du locataire. Cette demande d'expulsion est repoussée par la cour d'appel de Colmar en raison du bail commercial liant les parties jusqu'en 1995. Le pourvoi formé contre cet arrêt est rejeté. Selon la 3e chambre civile la décision de la cour de Colmar est légalement justifiée.

Le locataire réunit les conditions d'obtention du statut des baux commerciaux. En revanche, l'application du régime dérogatoire invoqué par le bailleur doit être exclue. La volonté d'écarter le statut n'était pas à l'évidence partagée par les deux parties.

I – LES CONDITIONS D'OBTENTION DU STATUT DES BAUX COMMERCIAUX

Ces conditions sont posées par l'article 1 du décret du 30 septembre 1953, dont les dispositions intéressent : « les baux d'immeubles et locaux dans lesquels un fonds est exploité, appartenant à un commerçant... immatriculé au R.C.S. ».

En l'espèce, deux des trois conditions exigées étaient discutées, c'est-à-dire la condition relative à l'existence du local et celle relative à la propriété du fonds de commerce.

A) L'existence du local

La cour de cassation reprend les énonciations de la cour d'appel. Au vu des éléments de preuve versés au débat, le fleuriste disposait bien de « locaux commerciaux comportant une vitrine et une entrée indépendante ».

Le décret réserve en effet alternativement le statut aux commerçants disposant d'un immeuble ou d'un local. Selon la jurisprudence, le bénéfice du statut concerne les immeubles bâtis c'est-à-dire les espaces clos, couverts et fixes. Ainsi les emplacements indéterminés mis à la disposition de commerçants indépendants par les propriétaires de grande surface ne répondent-ils pas à la notion de local, et cela d'autant moins que les bailleurs se réservent dans le contrat la faculté de déplacer ou de restreindre l'emplacement. Il s'agit de « baux de surfaces flottantes ».

Sans aller jusqu'à s'octroyer la possibilité de modifier l'emplacement, ce qui en l'espèce eût été difficile, la grande surface avait pris soin de qualifier l'objet du bail, non de local mais d'emplacement. Il est en effet bien évident que le recours à la notion d'emplacement fragilise la situation du locataire. Car de l'inexistence du local, découle quasi certainement en jurisprudence l'affirmation de l'inexistence d'une clientèle propre.

Mais en l'espèce le redressement de qualification a été opéré aisément par la cour d'appel. Ainsi, la condition de propriété du fonds de commerce pouvait-elle être appréciée plus objectivement.

B) La propriété du fonds de commerce

La propriété du fonds de commerce dépend elle-même de la propriété de la clientèle. Pour la jurisprudence qui se conforme toujours à des solutions anciennes la clientèle n'est pas seulement une qualité du fonds, mais une condition de son existence. La propriété de la clientèle détermine la propriété du fonds. Le propriétaire de la clientèle est le propriétaire du fonds. Le commerçant exploitant un commerce dépendant matériellement d'une grande surface doit donc démontrer pour invoquer utilement le statut des baux commerciaux que la clientèle qui fréquente son magasin est autonome.

Cette démonstration a été en l'espèce effectuée à l'aide de critères devenus également traditionnels. Disposant d'un local indépendant le locataire a pu aisément prouver qu'il disposait aussi d'une pleine autonomie de gestion, agissait à ses risques et périls, ne subissait aucune contrainte horaire. De là, les juridictions saisies ont déduit que le preneur était propriétaire de sa clientèle sans que d'autres éléments ne viennent véritablement étayer l'existence d'une clientèle attachée à l'exploitation personnelle du fleuriste. En réalité, dans cet arrêt, le critère de l'autonomie de gestion est traité pratiquement comme le critère unique de l'existence d'une clientèle propre.

Or cet importance donnée à l'autonomie de gestion comme critère d'appartenance de la clientèle est tout à fait excessive. Le pourvoi d'ailleurs alléguait avec juste raison que la titularité d'une clientèle personnelle se déduit des efforts du locataire pour attirer une clientèle spécifique distincte de celle de la grande surface. Cet argument est en réalité extrêmement pertinent. La clientèle n'est autre que l'élément fédérateur des différents moyens d'exploitation mis en œuvre par le commerçant. Elle permet au fonds d'exister en tant que bien unique. Mais elle dépend entièrement des moyens d'attraction qui sont les éléments constitutifs du fonds de commerce. Il convient donc de se référer à la notion d'élément support qui sera selon les cas, la localisation du fonds, la marque ou l'enseigne, la combinaison très étudiée des moyens d'exploitation, et aussi la grande compétence du commerçant. Autrement dit, les clients qui s'approvisionnent chez le fleuriste le font pour trois raisons possibles : parce qu'il est installé à proximité de la grande surface, parce que dans une aire géographique déterminée il est le seul fleuriste aisément accessible, ou parce qu'il est notoirement compétent et que ses bouquets sont d'une grande beauté. Dans le premier cas la clientèle appartient à la grande surface. Dans le second cas elle appartient au titulaire du droit au bail, dans le dernier cas à l'exploitant lui-même. En toute hypothèse, le client ne se détermine pas en fonction de l'autonomie de gestion dont dispose son fournisseur.

Mais en l'espèce si les juges se sont aisément laissés convaincre c'est qu'il leur fallait couper court au prolongement frauduleux du régime dérogatoire imposé au locataire, plus que choisi par lui.

II – LA VOLONTÉ DE DÉROGER AU STATUT DES BAUX COMMERCIAUX

La loi du 12 mai 1965 a offert à l'autonomie de la volonté une étroite sphère de liberté. L'article 3.2. du décret soustrait à l'empire du statut les baux de moins de deux ans. Mais la volonté d'opter pour ce régime dérogatoire doit être non équivoque.

En l'espèce, si la détermination du bailleur ne faisait pas de doute celle du locataire était loin d'être nette.

La cour d'appel a donc purement et simplement écarté l'application du régime dérogatoire. Ni la volonté du locataire de renoncer au statut à l'échéance des baux successifs, ni même celle de conclure à l'origine un bail dérogatoire n'a été retenue.

A) Le défaut de renonciation au statut lors du renouvellement des baux

Le pourvoi faisait observer que le locataire peut toujours renoncer valablement à son droit acquis au renouvellement du contrat de bail pour neuf ans, en signant une nouvelle convention dérogatoire.

La jurisprudence a en effet progressivement admis dans une perspective de refoulement du statut des baux commerciaux que le locataire avait la faculté de renoncer à l'application automatique du statut à l'expiration du premier bail dérogatoire. A défaut de volonté des parties, le statut se substitue spontanément au bail dérogatoire expiré. Pour éviter cette situation, le locataire peut renoncer à sa protection. Son droit est d'ordre public mais la validité de la renonciation est incontestable dès lors que le droit auquel le locataire renonce est acquis. Il lui faut donc attendre l'expiration du bail dérogatoire, date à laquelle le droit à l'application du statut n'est plus une espérance, mais une réalité. La conclusion d'un nouveau bail dérogatoire vaut éventuellement renonciation pourvu que la volonté du preneur soit dénuée d'équivoque. L'argument du pourvoi était donc juridiquement bien fondé. Mais il supposait que les parties se fussent à l'origine et d'un commun accord placées sous l'empire du régime dérogatoire. Or la cour d'appel a considéré cette éventualité comme improbable.

B) Le défaut de renonciation au statut lors de la conclusion du bail initial

Un examen attentif de l'arrêt incite à penser que la cour d'appel a fixé le point de départ du bail commercial à la date du 6 octobre 1986, date de la signature du premier contrat. Elle a donc refusé d'accorder toute signification à la signature par le locataire d'un bail initial d'une durée de quinze jours. Pourtant dans la mesure où la durée légale du bail soumis au statut est de neuf ans, l'acceptation d'un bail d'une durée inférieure à deux ans est un indice sinon la preuve même de la volonté des deux parties d'écarter le statut, ne fut-ce que pour quelques jours. D'ailleurs, le preneur n'a jamais allégué, ni incapacité, ni vice du consentement. Mais en réalité, les juridictions saisies ont relevé, à partir d'une appréciation globale de la situation que le montage était constitutif d'une fraude conduisant à un résultat inadmissible. Le moyen choisi, la conclusion de quarante baux successifs chacun d'une durée dérisoire, tenait en échec le statut de baux commerciaux dans une situation où il avait vocation naturelle à s'appliquer. Bien plus, le preneur, consentant ou non, devenait totalement tributaire du bailleur placé en position de dicter toutes ses conditions.

La bienveillante interprétation jurisprudentielle des exceptions au statut comporte des limites. La volonté des parties de se placer hors décret n'est efficace que si elle est accompagnée d'un minimum d'équilibre contractuel.

UNIVERSITÉ DE STRASBOURG (ROBERT SCHUMAN)

Session de juin 1996 – Magistère « Juristes d'affaires franco-allemands »

Professeur ayant donné le sujet et établi le corrigé :
M. J.-M. Hauptmann

PROGRAMME

Le commerçant (notion et statut juridique) ; le fonds de commerce et le bail commercial ; les sociétés commerciales.

SUJET

CAS PRATIQUE

La Sarl TOISON, au capital de 100 000 francs, est spécialisée dans la fabrication de peluches. En 1992, dans le cadre de sa politique d'expansion, elle s'était rapprochée du groupe TOYS SA dont l'un des dirigeants, M. Adam, était devenu gérant.

Depuis lors, la situation financière de la Sarl s'est progressivement dégradée. Son associé majoritaire, M. Foret s'en inquiète et vient vous consulter.

Il a appris que M. Adam, en sa qualité de gérant de la Sarl, avait signé en juin 1995 un protocole d'accord avec M. Lefran en vue de constituer une Sarl avec pour objet la commercialisation de matériel informatique importé d'Asie. M. Lefran devait apporter son fonds de commerce pour un montant de 80 000 francs et la Sarl TOISON effectuer un apport en numéraire de 100 000 francs.

Dès la conclusion du bail relatif aux locaux, l'entreprise avait commencé son activité, profitant des circuits de distribution de la Sarl TOISON. La société en formation n'a jamais été immatriculée. M. Lefran qui avait tiré plusieurs chèques restés impayés, a disparu. Les chéquiers avaient été établis par la BNP au nom de la Sarl en formation. Les fournisseurs et le bailleur n'ont pas été payés. M. Lefran avait bénéficié des conseils de M. Page, expert-comptable et gendre de M. Adam, dans le cadre d'une convention d'assistance. A ce titre, M. Page avait négocié la plupart des contrats et assuré le règlement des diverses taxes et cotisations sociales.

M. Foret s'inquiète des retombées de l'action menée par M. Adam qui n'a pas consulté les associés.

En outre, la Sarl a enregistré un troisième exercice déficitaire avec pour conséquence que les capitaux propres sont devenus inférieurs à la moitié du capital social.

Malgré les difficultés de la société, M. Adam avait quant à lui amélioré sa situation personnelle.

En mars 1995, il s'était fait consentir au nom de la Sarl un contrat de travail en qualité de directeur administratif avec une rémunération mensuelle de 40 000 francs. Le contrat prévoit que la révocation aux fonctions de gérant entraînera aussi son licenciement et lui ouvrira droit à une indemnité de licenciement de 120 000 francs.

Par ailleurs, au début de l'exercice 1995, M. Adam sans consulter les associés, avait triplé la rémunération votée en 1994 par l'assemblée.

Et enfin, la Sarl a acquitté cinq factures de 18 000 francs, chacune émise par une Société ICAR à l'ordre de la Sarl TOISON et correspondant à des leçons de pilotage dont M. Adam avait bénéficié.

Que conseillez-vous à M. Foret ?

Documents autorisés : Code de commerce et Code des sociétés.

CORRIGÉ

M. Foret, associé majoritaire de la Sarl TOISON, consulte à propos des conséquences des actes passés par le gérant, M. Adam.

Tout d'abord le gérant a engagé la Sarl dans une opération de constitution de société qui a donné lieu à un passif conséquent.

En second lieu, M. Adam a adopté une série de décisions dans son intérêt personnel.

Enfin la gestion de M. Adam a entraîné d'importantes pertes pour la Sarl.

I – L'OPÉRATION DE CONSTITUTION DE SOCIÉTÉ

En juin 1995, le gérant a signé au nom de la Sarl TOISON un protocole d'accord avec M. Lefran en vue de la constitution d'une Sarl. Un certain nombre d'actes ont été conclus au nom de cette société en formation. En outre, cette dernière a commencé son activité. Mais la société ne devait jamais voir le jour. M. Lefran a disparu, laissant un important passif derrière lui.

La situation soulève deux grandes questions :

– La Sarl TOISON est-elle juridiquement engagée par ce protocole d'accord ?

– Si oui, quelles en seront les conséquences ?

A) Le pouvoir de représentation du gérant

Il apparaît que le gérant a agi sans consulter les associés. Pour apprécier les conséquences de ses actes, il convient de distinguer selon que les statuts ont délimité ou non les pouvoirs du gérant.

En présence d'une clause statutaire subordonnant la conclusion d'un tel acte à l'accord préalable des associés, M. Adam est réputé avoir commis une faute pouvant entraîner sa révocation. Mais à l'égard des tiers, c'est à dire des créanciers de la société en formation, cette clause est sans effet (art. 49, al. 6 L. 1966).

En l'absence de limites statutaires, le gérant est autorisé à accomplir tous actes de gestion dans l'intérêt de la société. La prise de participation dans une autre société entre bien dans ses attributions. Il en résulte sur le plan interne que les associés, à moins de pouvoir établir la faute de gestion, ne disposent d'aucune action à l'encontre de leur gérant.

Dans tous les cas de figure, la Sarl TOISON se trouve engagée envers les tiers.

D'autant plus que la limite légale tenant au respect de l'objet social ne peut jouer ici. En effet, aux termes de l'article 49, alinéa 5 de la loi de 1966, la Sarl « est engagée même par les actes du gérant qui ne relèvent pas de l'objet social, à moins qu'elle ne prouve que le tiers savait que l'acte dépassait cet objet ou qu'il ne pouvait l'ignorer compte tenu des circonstances ».

Il reste à déterminer ces tiers ainsi que l'étendue de l'engagement de la Sarl.

B) Les effets de l'engagement de la Sarl

La loi de 1966 pose à propos des actes accomplis pour le compte d'une société en formation le principe suivant : « les personnes qui ont agi au nom d'une société en formation avant qu'elle ait acquis la jouissance de la personnalité morale sont tenues solidairement et indéfiniment des actes ainsi accomplis » (art. 5, al. 2 L.1966). Il n'y a pas lieu de s'interroger en l'espèce sur la possibilité d'une reprise des actes par la société, puisque la Sarl n'a pas été immatriculée.

Toutefois l'application de ce principe au présent cas semble exclue. Il est de jurisprudence constante que le régime de l'article 5 de la loi de 1966 est limité aux seuls actes constitutifs. En revanche les opérations accomplies pour les besoins de l'exploitation qui serait commencée pendant la phase constitutive ne relèvent pas de son domaine. Pour toutes ces opérations, c'est le régime de la société créée de fait qui prévaut.

Reste la question délicate de délimiter en pratique la notion de société en formation par rapport à celle de société créée de fait. La Cour de cassation a voulu mettre fin aux divergences de qualification dans la jurisprudence des cours d'appel. Dans un arrêt de principe en date du 9 novembre 1987, elle a invité les juges du fond à prendre en considération la durée et l'intensité des activités entreprises. Ainsi en cas de développement « d'une manière durable et importante d'une activité dépassant l'accomplissement de simples actes nécessaires à sa constitution », une société en formation peut se transformer en société créée de fait. L'intérêt de cette dernière qualification réside dans l'amélioration de la protection des droits des tiers.

Au regard des éléments du cas d'espèce, notamment la durée de l'exploitation, le nombre de contrats conclus ainsi que le règlement de diverses taxes et cotisations, et semble-t-il la renonciation à l'immatriculation de la société, il est permis de conclure à l'existence d'une société créée de fait.

Les conséquences attachées à cette qualification pourraient s'avérer défavorables à la Sarl TOISON. En effet l'article 1873 du Code civil soumet les sociétés créées de fait au régime juridique des sociétés en participation, lequel régime repose sur la distinction entre société occulte et société ostensible.

Dans la société ostensible, tous les membres de cette société sont tenus solidairement du passif social. Et il y a société ostensible, lorsque « les actes personnels des participants permettent de considérer qu'ils avaient agi en qualité d'associés au vu et au su des tiers ou qu'ils s'étaient immiscés dans l'accord passé par l'un d'eux, faisant croire qu'ils entendaient s'engager » (Com., 15 juillet 1987).

Il est fort probable que les agissements personnels de M. Lefran et de M. Adam en sa qualité de gérant de la Sarl TOISON répondent à cette définition. Sans oublier le rôle ambigu joué par M. Page, avec pour conséquence la disqualification du contrat d'assistance en contrat de société. Les différents créanciers, à savoir les titulaires des chèques impayés, les fournisseurs et le bailleur ne manqueront pas de développer ces arguments pour retenir la responsabilité de la Sarl TOISON et éventuellement celle de M. Page.

A noter que la Sarl TOISON peut le cas échéant envisager une action en responsabilité civile contre la BNP pour avoir mis de manière imprudente « à la disposition d'une société dépourvue de toute trésorerie le moyen d'émettre des chèques sans provision et de causer, par là même, un préjudice » (Com., 31 mai 1988).

II - LE SORT DES ACTES CONCLUS DANS L'INTÉRÊT PERSONNEL DU GÉRANT

En 1995, M. Adam a conclu avec la société un contrat de travail en qualité de directeur administratif et il a décidé unilatéralement une augmentation substantielle de sa rémunération. Enfin il a fait financer par la société des leçons de pilotage d'avion.

A) Le contrat de travail

La loi de 1966 ne comporte aucune disposition quant au cumul du mandat social et d'un contrat de travail. Dans le silence de la loi, la validité de principe d'un tel cumul est admise, mais la jurisprudence a posé un certain nombre d'exigences.

En premier lieu, lorsque le contrat de travail est conclu avec un gérant en fonction, le contrat doit respecter la procédure spéciale de l'article 50 de la loi de 1966. Comme toute convention intervenue entre la société et son gérant, le contrat de travail doit donner lieu à un rapport spécial soumis à l'approbation de l'assemblée des associés, et le gérant associé ne peut prendre part au vote. Pour le cas où M. Adam est gérant non associé, il faut l'autorisation préalable de l'assemblée. Le non respect de ces formalités ne peut être sanctionné que sur le terrain de la responsabilité civile.

Plus intéressantes sont les conditions de fond vérifiées par les juges. Le contrat de travail doit correspondre à un emploi effectif, distinct des fonctions de la gérance. En outre, le contrat suppose un lien de subordination à l'égard de la société.

En l'espèce, l'emploi de directeur administratif ne correspond pas à une fonction technique particulière, détachée des missions incombant au gérant. Compte tenu de la sévérité habituellement affichée par la jurisprudence en la matière, le juge ne manquera pas de conclure au caractère fictif du contrat de travail.

La nullité du contrat de travail entraîne l'anéantissement du droit à indemnité prévu en cas de révocation et oblige M. Adam à restituer les salaires indûment perçus. Sur le plan pénal, certaines décisions ont même admis que « constituait un abus de biens sociaux le fait pour un gérant d'avoir perçu une rémunération pour un contrat de travail sans valeur » (Tribunal correctionnel de Rouen, 1er juillet 1977, D. 1978, p. 142).

B) La décision relative à la rémunération

La loi de 1966 est tout aussi muette sur la question de la rémunération du gérant d'une Sarl. Il appartient donc aux associés, soit statutairement, soit par décision en assemblée de fixer le montant de la rémunération.

Dans le cas présent, la rémunération avait été établie en 1994 par décision des associés. Mais en 1995, le gérant avait procédé unilatéralement et sans consultation des associés à un triplement de cette somme. Cette décision est manifestement abusive. M. Adam est donc tenu de rembourser le montant correspondant à cette augmentation. Il s'expose éventuellement aux sanctions pénales pour abus de biens sociaux. Enfin sur le plan civil, la Sarl peut engager sa responsabilité civile, si la décision lui a causé un préjudice (art.52, L. 1966).

C) Le financement des leçons de pilotage

Il reste le problème des factures correspondant aux leçons de pilotage dont a bénéficié M. Adam et qui ont été acquittées par la société. Il ne fait aucun doute qu'il s'agit là d'un abus de dénomination sociale.

Il peut être tentant pour la société d'invoquer le dépassement d'objet social, afin d'agir en répétition des sommes encaissées par la Société ICAR. Il lui appartient dans ce cas d'établir la mauvaise foi du tiers qui « ne pouvait ignorer le dépassement compte tenu des circonstances ». Apparemment il n'existe aucun lien entre des leçons de pilotage d'avion et une société dont l'objet social est la fabrication de peluches.

Toutefois il convient de remarquer que les tribunaux ont une conception très restrictive de la preuve de la mauvaise foi, dans un souci de protection maximale des intérêts des tiers. Ainsi dans une espèce semblable, la Cour d'appel de Paris a jugé « qu'il n'est pas invraisemblable qu'il soit dans l'intérêt d'une société quelconque que l'un des dirigeants ait besoin d'une qualification de pilote d'avion, afin de pouvoir assurer des déplacements professionnels rapides » (15 juin 1995, Bull. Joly 1995, p. 984).

Par conséquent la Sarl ne dispose que de l'action en responsabilité civile contre son gérant sur le fondement de l'article 52 de la loi de 1966. Elle peut également le poursuivre pénalement pour abus de biens sociaux au titre de l'article 425-4° de la loi de 1966.

III – LA SITUATION FINANCIÈRE DE LA SARL

Les différentes fautes commises par M. Adam ont provoqué ou aggravé la crise financière de la Sarl TOISON. Nous supposons que la société n'est pas en situation de cessation de paiement. Mais deux mesures s'imposent pour sortir de la crise.

A) La révocation du gérant

En vertu de l'article 57, alinéa 4 de la loi de 1966, tout associé est autorisé à demander la désignation d'un mandataire judiciaire chargé de convoquer l'assemblée et de fixer l'ordre du jour. Le premier point devra porter sur la révocation du gérant.

C'est l'article 55 de la loi de 1966 qui régit la question. La révocation du gérant exige une décision des associés représentant plus de la moitié des parts sociales. Si cette majorité n'est pas atteinte, M. Foret a la possibilité de saisir le tribunal en vue d'une révocation judiciaire.

La décision de révocation, qu'elle émane des associés ou du juge doit être fondée sur un juste motif. En l'espèce, parmi les nombreux motifs de révocation, M. Foret n'a que l'embarras du choix : dépassement de l'objet social, abus de biens sociaux, autorémunération, contrat de travail irrégulier, sans oublier d'éventuelles fautes de gestion.

La même assemblée devra désigner le nouveau gérant dont la mission prioritaire sera de redresser les comptes de la Sarl.

B) Le redressement de la société

Les associés auront en même temps à se prononcer sur les conséquences des pertes apparues au cours du dernier exercice. La consultation spéciale des associés est rendue obligatoire par l'article 68 de la loi de 1966.

Aux termes de cette disposition, « si, du fait de pertes constatées dans les documents comptables, les capitaux propres de la société deviennent inférieurs à la moitié du capital social, les associés décident, dans les quatre mois qui suivent l'approbation des comptes ayant fait apparaître cette perte, s'il y a lieu à dissolution anticipée de la société ».

L'obligation de consulter les associés est doublement sanctionnée. D'une part, l'article 428 de la loi de 1966 édicte une sanction pénale à l'encontre du gérant qui sciemment n'aurait pas consulté les associés dans le délai de quatre mois. D'autre part, à défaut de décision, tout intéressé peut prendre l'initiative de demander la dissolution judiciaire de la société.

Si les associés optent pour la continuation de la société, ils sont tenus de suivre la procédure de l'article 68, alinéa 2 de la loi de 1966. Ainsi dans l'hypothèse où les capitaux propres n'ont pas pu être reconstitués à concurrence d'une valeur au moins égale à la moitié du capital, ils sont tenus de réduire au plus tard à la clôture du second exercice suivant celui au cours duquel les pertes ont été constatées, le capital d'un montant au moins égal à celui des pertes qui n'ont pu être imputées sur les réserves.

Cependant la réduction de capital est soumise à une double limite. La première limite est d'origine légale et résulte de l'article 35 de la loi de 1966. Les associés doivent respecter la règle du capital social minimum, à savoir 50 000 francs. Le principe comporte une exception énoncée à l'alinéa 2 du même article : « La réduction du capital à un montant inférieur ne peut être décidée que sous la condition suspensive d'une augmentation de capital destinée à amener celui-ci à un montant au moins égal au minimum légal ». Ces deux opérations successives constituent la pratique du « coup d'accordéon ».

La jurisprudence a posé une seconde limite, destinée à prévenir un éventuel abus de majorité. L'opération doit être réalisée dans le respect du principe d'égalité de traitement des associés.

TABLE DES MATIÈRES

Achevé d'imprimer
sur les presses de l'imprimerie
Arts Graphiques du Perche
28240 Meaucé

Dépôt légal Septembre 1996
Imprimé en France

961293